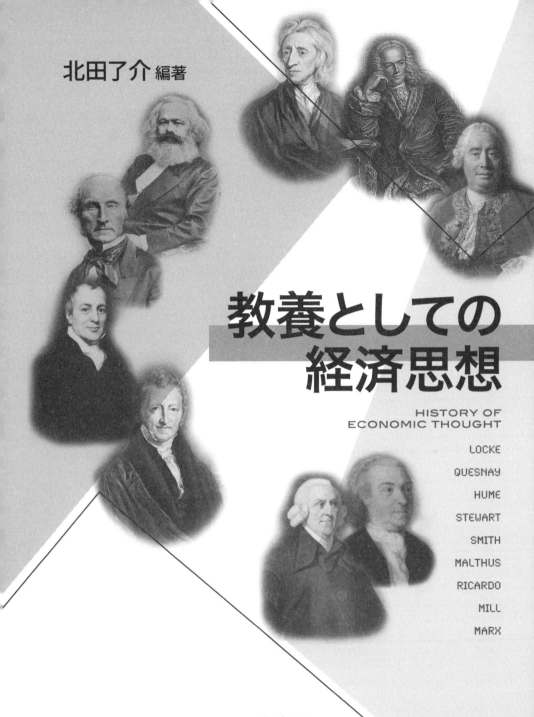

北田了介 編著

教養としての経済思想

HISTORY OF
ECONOMIC THOUGHT

LOCKE
QUESNAY
HUME
STEWART
SMITH
MALTHUS
RICARDO
MILL
MARX

萌書房

はじめに

　日々のニュース，テレビのドキュメンタリー番組，書店の新刊書コーナーなど，様々なメディアで経済社会の危機が語られている。先進諸国に見られる世界的な「長期停滞」，高度化する人工知能と労働環境の変化，先の見えない超低金利政策の結末，そして租税回避地を利用した合法的な税金逃れと再分配されない社会など，これまで存在しなかった言葉が危機という意味を含んで語られる。

　日々の生活における危機感を伴った言葉の横溢は，普通に生きる人々が様々な局面で無意識のうちに覚える不安感を端的に表しているのかもしれない。資本主義経済は自分たちをどこへ連れて行こうとするのか，これから世界はどのようなになっていくのか。世界は漠然とした未来への期待ではなく，存在感のある将来への不安に覆われ始めた。ただしこの不安は抽象的なものでも，根拠なきものでもない。

　映画『わたしは，ダニエル・ブレイク』(2016年)でケン・ローチ監督がテーマとして取り上げたのは，保守党政権が推し進める緊縮政策とそれに伴うイギリス社会のひずみであった。映画では行政が，困窮した市民に対しサービスの提供を躊躇する様子が次々と描き出されていく。心臓病のため長年勤めた仕事を辞めざるをえなくなった主人公が，社会福祉事務所を訪れるも，不可解なルールによって1日8時間の求職活動を強要される様子。あたかも保護申請を諦めさせることを目的化しているような行政手続きの煩雑さ。生活保護が受けられず，フードバンクで配給中に空腹から思わず食料品を食べ始めたシングル・マザー。そこではもはや行政がその役割を果たすふりをすることさえやめており，まるで行政サービスは受給者の尊厳とトレードオフであるかのように，人々の自尊心を奪っていく様子が描かれる。

　成長しない世界，将来の失職，解消されることのない財政赤字，そして拡大し続ける経済格差。こうした危機感を目の前に，未来に向けた前向きなビジョンを描くことは非常に難しくなっている。むしろいかに現状を維持し続け，こ

i

こに踏みとどまるかが，私たちにとって最も重要な課題となる。底が抜けた社会では，踏みとどまれず落ち込めば，自己の尊厳を奪われながら生かされる日々が待ち受けているからだ。

　世界は長期停滞に突入したのか，新しい成長を促す余地は存在するのか，それとも困難に直面した社会が経済的成長を果たすためには，それに寄与しない者の尊厳を奪ってでも成長しなければならないのか。同時代の経済学では対応できない問いに直面した時，人は歴史を振り返る。あたかも厳しい登山路で難所に遭遇した場合，今一度来し方を振り返りルートを立て直すことにたとえられる。もちろん経済学史や経済思想史を学ぶことで，そうした問いへの直接的な解答が手に入るわけではない。しかし経済思想家たちは，その都度，その時代の困難に立ち向かうことで，自らの思想を発展させてきた。それぞれの思想が対峙したものや経済学がサイエンスとして問題構成化してきたこと，その格闘の軌跡を辿っていくことは，安直な諸問題への処方箋ではなく，思考上の気づきを私たちに与えてくれるかもしれない。まさにこのような時代だからこそ，経済思想を歴史的に問い直すことが求められる。

　2018年1月

編　著　者

目　　次

はじめに

オリエンテーション …………………………………………………………… 3

　　1　経済学史あるいは経済思想史とは何か　3／**2**　経済学史概観
　　4／**3**　本書の構成　8

第1章　ロック ………………………………………………………………… 9

　1　イングランドの2つの革命 ………………………………………… 9

　　⑴　ピューリタン革命　9／⑵　名誉革命　10

　2　ロックの生涯 ………………………………………………………… 11

　3　『統治二論』に見られる経済論 …………………………………… 13

　　⑴　自然状態　13／⑵　「労働による所有」論　14／⑶　共通権力
　　の創出　15

　4　利子率引き下げ論争 ………………………………………………… 17

　　⑴　1660年代の利子率論争　17／⑵　1690年代の利子率論争　18

　5　ロックによる利子論 ………………………………………………… 18

　　⑴　利子率の決まり方　18／⑵　低利子率とトレードの活性化
　　20

　6　トレード活性化と土地単税論 ……………………………………… 22

第2章　ケネー ………………………………………………………………… 25

　1　フィジオクラシー登場の時代背景 ………………………………… 25

　2　ケネーの生涯 ………………………………………………………… 26

iii

3　自由の体制と富の再生産秩序 ……………………………………… 27

4　「経済表」………………………………………………………………… 28

　　⑴　「経済表」を構成する3つの階級　28／⑵　前払い　29／⑶
　　「経済表」の分析　30／⑷　「経済表」の意義　31

5　「経済表」から帰結する政策 ……………………………………… 32

6　「重商主義」批判 …………………………………………………… 33

7　「限界」とその後の影響 …………………………………………… 34

　　⑴　アダム・スミスによる評価　34／⑵　シュンペーターによる
　　評価　36

第3章　ヒュームとステュアート …………………………………… 39

1　ヒューム，ステュアートそしてスミスの3人の
　　経済思想を育んだスコットランド ……………………………… 39

2　ヒューム，ステュアートの時代と生涯 ………………………… 39

　　⑴　ヒューム　39／⑵　ステュアート　42

3　ヒュームの経済思想 ………………………………………………… 44

　　⑴　近代社会論　45／⑵　貨幣・貿易論　46

4　ステュアートの経済思想 ………………………………………… 46

　　⑴　近代社会論　48／⑵　ヒューム貨幣・貿易論批判　49

5　ヒューム，ステュアートとスミス ……………………………… 50

第4章　アダム・スミス …………………………………………………… 53

1　スミスの生涯 …………………………………………………………… 53

2　『道徳感情論』………………………………………………………… 55

　　⑴　公平な観察者　55／⑵　行動原則の形成　57

3　『国富論』⑴──全体的見取り図………………………………… 58

4　『国富論』⑵──社会を繁栄させるための基礎理論 ………… 60

(1) 分業について　60／(2)　価値について　61／(3)　価格について　62／(4)　資本蓄積の進展　63／(5)　資本の蓄積過程　64／(6)　投資の自然な順序　66

5　『国富論』(3)——経済発展の流れ……………………………………… 67

(1)　現実の投資の順序とその原因　67／(2)　「重商主義」批判　69

6　『国富論』(4)——自然的自由の制度と政府の役割 ……………… 69

(1)　政府の役割　69／(2)　租税について　70／(3)　公債について　70

第5章　マルサス ……………………………………………………………… 73

1　マルサスの生涯 ……………………………………………………… 73

2　『人口論』……………………………………………………………… 75

(1)　人口をめぐる基本前提　75／(2)　人口抑制をもたらす働き　76／(3)　ゴドウィンへの批判　78／(4)　救貧法批判　79／(5)　食料不足と経済学　81

3　マルサスの「有効需要論」 ……………………………………… 82

4　穀物法論争……………………………………………………………… 84

第6章　リカード ……………………………………………………………… 87

1　リカードの生涯 ……………………………………………………… 87

2　『経済学および課税の原理』……………………………………… 90

(1)　価値論(ⅰ)——投下労働価値説　90／(2)　価値論(ⅱ)——相対的な交換価値　91／(3)　賃金と利潤の相反関係　92／(4)　地代論　93／(5)　資本蓄積に伴う地代率の変容と利潤・賃金の収益配分の変容　96／(6)　賃金論　99／(7)　外国貿易論　100

3　穀物法をめぐる見解 ………………………………………………103

第7章　J. S. ミル ……………………………………………………………105

1　J. S. ミルの生涯 ……………………………………………………105

目　　次　　v

2 ミル経済学の基本思想 ……………………………………………108

　⑴ 『原理』の構想と『国富論』の継承宣言　108／⑵ 『経済学原
　理』の構成　109

3 『経済学原理』の概要 ……………………………………………109

　⑴ 「生産論」　109／⑵ 分配論　110／⑶ 交換論　113／⑷ 利
　潤率低下論　114／⑸ 定常状態論　116

4 過渡期の思想家ミル ………………………………………………117

第8章　マルクス …………………………………………………119

1 マルクスの生涯 ……………………………………………………119

2 「初期マルクス」⑴──ヘーゲル批判 …………………………122

3 「初期マルクス」⑵──『経済学・哲学草稿』…………………124

　⑴ 疎外(Entfremdung)について　124／⑵ 疎外の止揚(廃棄)
　126／⑶ 哲学的思索から経済学研究へ　127

4 『資本論』………………………………………………………129

　⑴ 「商品論」⑴──労働価値説　129／⑵ 「商品論」⑵──価値形
　態の発展過程　130／⑶ 労働力の商品化　132／⑷ 剰余価値の形
　成過程　132／⑸ 労働過程と価値増殖過程　133／⑹ 剰余価値
　の拡大　134／⑺ 特別な剰余価値の獲得　136／⑻ 資本の蓄積
　過程　136／⑼ 拡大再生産における不変資本の拡大　137／⑽
　資本蓄積の歴史的傾向　139

＊

おわりに　141

教養としての経済思想

オリエンテーション

1　経済学史あるいは経済思想史とは何か

　経済思想史と経済学史は同様に経済学の歴史を扱う学問である。基本的に経済学の歴史を学ぶ意味は，今日の経済学の背後にある思想や時代的文脈を見つけ出し，今日の経済学を相対化しながら，適度な距離を保つことにある。それでは経済思想史と経済学史の違いはどこにあるのか。経済思想史が経済に関わる思想（thought）の歴史であるとすれば，経済学史は経済の「学」（science）の歴史である。つまり「思想」が「考える」という，より幅広く，より曖昧な行為に根差すとすれば，「学」は「知る」という，より整序された学問的知識を手に入れることである。その点からすれば経済思想史は経済学史を包摂すると言えるかもしれない。

　とはいえこの違いは，単なる学問領域の細分化にとどまらない。経済学が歴史的に検証される際に求められる役割によって，経済学史であるべきか，それとも経済思想史であるべきかが問われてくる。

　現状の経済学のあり方を正確に把握し，今後の経済理論の発展につなげるために経済学の歴史を求める場合と，今日のように経済をめぐる困難が様々な諸問題と複合的に絡み合っている世界を適切に理解するために経済学の歴史を求める場合とで，取るべき態度は変わってくる。いずれにせよ経済学を歴史的に考察する作業は，それを求める時代の状況によって，必要とされる役割が異なることは間違いない。前者であればより抽象的で精緻な理論的考察が必要であり，後者であれば様々な事象を包括的に捉える思想史的側面から困難に向き合うことが必要であろう。

　振り返ってみると本書で扱う経済学者たちは，いずれも確立された学問を精緻化することに懸命であったというよりも，複雑な世界を包括的に把握する社会哲学を志向したといえる。彼らに共通するのは，目の前の経済現象を既存の枠組みで解釈するのでなく，その現象について語るための言葉を紡ぎ出すために多大な努力を重ねたことだ。

3

そのため今日，経済学史および経済思想史を学ぶことは，これまで使われて
きた言葉で語ることのできない経済社会の問題（何よりも経済社会は経済学という
単一のディシプリンでは語り切れない問題に満ちている）に対し，社会的な背景や考
え方の枠組みを問い直すための実践的活動として行われる必要がある。

　その意味で経済学史および経済思想史に課された役割は大きい。マルサスは
「人間の知識量が今より千倍以上多くても，それらを新しく独自に結合させる
努力はなされず，人間の精神はただ既存の知識を習得するためにのみ用いられ
るとしたら，どういうことになるだろうか」（マルサス『人口論』275ページ）と問
いかける。たとえ既成の知識を積み重ねたところで，精神的な努力を促す刺激
がなければ，人間としての成長は見込めないというのだ。

　経済学史および経済思想史に求められるものがあるとすれば，過去の知識の
確認作業や，現状追認の道具を複製することではない。経済思想史の学習を通
じて手に入れるべきものとは，この複雑な経済問題の困難を成り立たせている
思考枠組みを組み替えるための新たなアイデアである。

2　経済学史概観

　本書で扱う経済学の領域は主に重商主義，フィジオクラシー，古典派経済学，
そしてマルクスである。ここではその全体的な流れを概観しておこう。

　古典派経済学が資本主義社会の経済法則を学問として成立させる以前，とり
わけ商業的な場面で語られてきた経済言説は「重商主義」（mercantilism, mercan-
tile system）と呼ばれてきた。とはいえ何も統一された学問体系が存在してい
たわけではない。15-16世紀，ヨーロッパが東インドを中心にアジアとの貿易
を活発化させたことで，アジアの商品を購入するために貨幣（金銀）の役割が
大きくなる。そこで各国は「国富とは金である」という「重金主義」（bullion-
ism）的な考えによって，貿易差額の拡大を通して金銀の獲得を目指す政策を
打ち出していった。その後17世紀に入るとイギリスでは，貿易収支の黒字化
こそ第一義的な国家の経済政策であるという文脈のもと，東アジア貿易による
貨幣流出が批判の対象とされ始める。これに対しイギリス東インド会社の重役
であったトマス・マン（Thomas Mun, 1571-1641）は，『外国貿易におけるイング

ランドの財宝』（1664年）の中で，2国間の収支だけに専心する個別的貿易差額論ではなく，輸入されたアジア産の商品の再販売によって多くの収益を手にするという全般的貿易差額論の観点から貿易収支を捉えるべきだと主張し，東インド貿易がイギリス国内の貨幣を流出させているという批判を退けようとした。

　貿易差額をめぐる論争は非常に大きな議論になったが，古典派以前の経済論議を「貿易差額説」だけに還元するのは浅薄な見方である。それ以外にも貨幣量によって物価水準が変化していくという「貨幣数量説」は，1660年代と90年代に行われた「法廷利子率引き下げ論争」において議論の前提となっていたし，学問体系としての経済学が成立する以前から需給法則を通した市場の調整能力への認識が存在したことも忘れてはならない。またジェイムズ・ステュアート（James Steuart, 1713-80）は市場の不均衡が生じた際，金融・財政政策における為政者による調整の意義を説くことで，20世紀のケインズにつながる「有効需要の経済学体系」を構築した。

　他方でフランスに目を向けると，ルイ14世の財務総監コルベール（Jean-Baptiste Colbert, 1619-83）のもと推し進められた重商主義政策（コルベール主義）が，工業製品の輸出を後押しするための食料の低価格化政策によって農業を疲弊させたこと，また（政策的にはコルベール主義と真逆であるが）財政赤字解消のためにバブルを誘発しようとしたジョン・ロー（John Law de Lauriston, 1671-1729）のシステムが失敗したことなど，フランスの経済活動は人為的制度のつまずきによって混乱に覆われていた。

　そんな中自然法則に基づいて経済政策も実行されねばならないと考えたのが日本語で「重農主義」とも訳される「フィジオクラシー」（自然の統治）という立場である。フィジオクラシーの代表的な理論家フランソワ・ケネー（François Quesnay, 1694-1774）は，自然の法則に則った富の再生産秩序に従うことが社会全体の富の増大につながると考え，その物理的法則を解明するために「経済表」を描き上げる。

　フィジオクラット（重農主義者）が提唱する完全な自由こそ最適な自然的配分を可能にし，そこから国家の繁栄につながるという考え方は，アダム・スミス（Adam Smith, 1723-90）をはじめとするイギリスの古典派経済学が登場する上で

重要な基盤となった。また古典派経済学における階級分類（地主・資本家・労働者）は，生産活動においてそれぞれが自分の役割を果たすとともに，そこから得られる報酬が分配されることで資本主義経済を発展させる大切な要素になる。そしてその最適な配分は，自然の秩序に従って機能する市場メカニズムによって実現される。

　同時にスミスは，富は労働の生産物であり，その増加は労働生産力の増加によって果たされること，またその労働生産力の増加が分業の進展によって左右されることを指摘する。その上で分業がどれほど進展するかは資本の蓄積にかかっているとし，いかに剰余を生み出し，蓄えていくかが国富増大の課題として位置づけられた。

　スミスの支配労働価値説を継承した国教会の牧師トマス・ロバート・マルサス（Thomas Robert Malthus, 1766-1834）は，生産費に規定される供給者の欲求を前提とした上で，商品の価格は需要者の欲求によって決定されるという価値論を展開する。また『人口論』（1798年）の中で提唱された人口法則によると，人口増加のペースは，人類が必要とする食料増産ペースを上回り，いずれ強制的な人口調整が起こるというネガティヴな未来図を描き出したが，この人口原理は古典派の賃金決定論に大きな影響を与えることになる。

　マルサスの人口原理と収穫逓減法則から，デイヴィッド・リカード（David Ricardo, 1772-1823）は地代が限界地の生産量によって事後的に発生するという「差額地代論」を主張する。ところで差額地代論によると資本家の利潤は必然的に下がらざるをえない。また食料価格の上昇も労働者の賃金を増大させるため利潤率を低下させる原因になる。しかし経済成長を促すには資本蓄積を通じて利潤率の低下を何としても回避せねばならない。この困難に対し，リカードは自由貿易による低廉な食料の輸入を推進することで，利潤率の低下傾向を少しでも押しとどめようとする。そのため1810年代の「穀物法論争」では，食料安保上の観点から，また地主層の有効需要への期待から穀物法を支持したマルサスに対し，リカードは自由貿易を阻害するという理由から穀物輸入の制限に反対の立場を取った。

　マルサスやリカードの経済議論を継承し，古典派の経済理論を集大成させよ

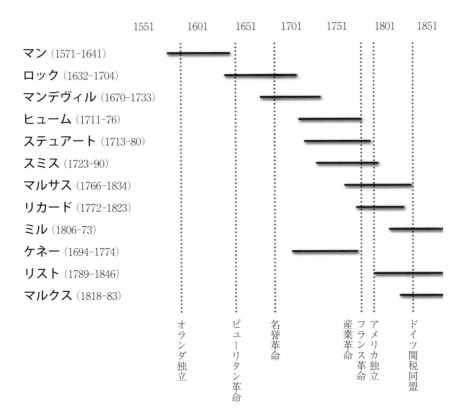

うとしたのがJ. S. ミル（John Stuart Mill, 1806-73）である。古典派の理解では人口増と収穫逓減によって利潤率は低下し，いずれ経済の成長が止まる「定常状態」が現れる。自由貿易による低廉な食料の輸入や，技術革新を通じた生産性の向上によって，利潤率の低下傾向を押しとどめることが少しは可能かもしれない。しかし「定常状態」の到来は時間の問題であるとされた。この回避できるものなら回避したいと考えられてきた状況を，ミルは肯定的に受け入れようとする。もちろん定常状態において物質的な経済成長は見込めない。しかし低成長社会だからこそ取り組むことのできる「分配の改善」や「人口抑制」という主題を通じて，資本主義的な雇用関係を大きく変革するヴィジョンを示そ

とした。

　ある意味でミルはそれまでの私有財産制の理想形を探りながらも，これまでにない経済社会のあり方を求めていた。ミルの『経済学原理』が出された1848年に『共産党宣言』を発表したカール・マルクス (Karl Heinrich Marx, 1818-83) の問題意識に呼応するものがあるとすれば，それは時代による要請なのかもしれない。しかし他方でマルクスはミルと違い，資本主義経済のあり方を根本から捉え直そうと考える。『資本論』でなされた仕事は，表象の次元の分析にとどまるのではなく，様々な現象に影響を与える「土台」に対して検証を加えることであった。その意味でマルクスの経済学批判は，経済学の分析にとどまらない。彼の仕事は，経済を成立させている人々の関係の持ち方や生産物それ自体に価値が内在しているという私たちの錯覚を探り当て，暴き出し，その根っこの次元で新たな可能性を提案することであった。

3　本書の構成

　本書では「古典派以前」の経済学者から古典派，そしてマルクスまでの経済思想を取り上げる。具体的な人物名としてはロック，ケネー，ヒュームとステュアート，スミス，マルサス，リカード，J. S. ミル，そしてマルクスである。

　各章の構成は，その章で主に扱われる人物の評伝およびその時代背景を簡単に触れつつ，それぞれの経済学説や思想に言及する。もちろん状況に応じて，それまでの経済学説・思想との比較や，後世からの評価についてもできるだけ解説する。

　また各章の最後には，「参考文献」と「章末問題」を付している。原典の翻訳については比較的読みやすく，入手しやすいものを，またその他の文献については経済思想史の学習を始める上で理解しやすいものを選んでいる。なお引用部については，文章の流れを損なわない程度に適宜改めていることをお断りしておく。

　「章末問題」はあくまでも基礎的な概念整理のための設問として位置づけており，本文を整理すれば解答できるように考えてある。発展的な考察については，その後の学習の展開に応じて，各自で適切な文献に当たっていただきたい。

第1章 ロック

1 イングランドの2つの革命

(1) ピューリタン革命

　イングランドが近代国家に変貌していく過程を理解する上で，17世紀の2つの革命を語ることは不可欠である。1603年のエリザベス1世（1533-1603，在位1558-1603）の死により，イングランドはヘンリー7世（1457-1509，在位1485-1509）以来のチューダー朝が終焉を迎える。エリザベスが世継ぎを残さず死去したことで，スコットランドの国王ジェイムズ6世がイングランド国王ジェイムズ1世（1566-1625，在位1603-25）として王位に就くこととなった。

　ジェイムズはスコットランド時代に国王の権力は神から授けられたものであり絶対であるという「王権神授説」を公言して憚らなかった人物である。そのため彼は国王がコモン・ローや議会の同意を得なくても物事を決定できる「絶対大権」の拡充を図った。他方でイングランドは，国王と議会の間の絶妙な権力バランスによって統治を運営していくという二重権力論が伝統的に存在したため，彼の振る舞いが国王と議会の激しい対立を生み出すことになる。

　この関係性はジェイムズ1世の後継者である，チャールズ1世（1600-49，在位1625-49）の治世においても引き継がれていく。チャールズ国王は議会を開催せずともやっていけるだけの財政的基盤を固めようと船舶税の適用地域と徴収回数を拡大していく「船舶税令」を布告する。船舶税は折からの海戦における軍事改革（民間商船の徴用でなく職業的海軍の創設）に備えて，議会の承認なしに課税できる仕組みを導入しよういうものである。しかしこの法令は議会制定法に制限されないという性質から，まさに絶対大権の拡大を目指すものであり，国

9

王と議会の対立を一層深刻なものにしていった。

　裁判闘争にまで持ち込まれた船舶税問題は，国家が危機に直面した場合，国王による柔軟な徴税は可能であるという判断から，僅差で国王側が勝訴する。この事件以降，国王と議会の対立は一層激しさを増し，1640年11月に開催された「長期議会」において両陣営の分裂が決定的となり，42年の武力衝突へつながっていった。

　当初内戦は戦争経験豊かな国王派に有利な形勢で進んでいく。しかし議会派は軍事改革によって盛り返し，最終的に国王派の本拠地であるオックスフォードを陥落させたことで，その勝利を決定的なものにする。その後再び国王は蜂起を行うが，またたく間に鎮圧され，王位を剥奪された後，1649年1月30日バンケティング・ハウスにおいて公衆の前で処刑された。「ピューリタン革命」とは，内戦から革命に至るこの一連の過程を表す。

(2) 名誉革命

　ピューリタン革命後のイングランドの政治体制は，「指名議会」やクロムウェルの「護国卿政権」など専制的なものに終始し，その試みは思惑通り進まずに挫折する。結局時計の針を戻すかのように，スチュアート朝の「王政復古」へと道が開かれることになった。

　1660年，チャールズ2世（1630-85，在位1660-85）が亡命先のフランスから帰国すると，議会および国教会を尊重し，ピューリタンとカトリックを非国教徒として排除するという「王政復古体制」が成立する。しかしこの基本的なあり方を変質させたのも国王自身であった。国王が打ち出す様々なカトリック優遇策は，国民の「反カトリック感情」を刺激するとともに，国王と議会が対立する構図を再び出現させることになった。

　とりわけカトリックへの信仰を表明しているヨーク公への王位継承をめぐり，国王と議会は激しく対立する。しかし議会の中も一枚岩ではない。「王位継承排除法案」を請願する陣営と，その行動に嫌悪を示す陣営に分裂していく。「請願派」はやがて「ホイッグ」と呼ばれ，王権の制限と議会主権を原則とする立場を取り，宗教的にも寛容な政策を求めた。対して「嫌悪派」は「トーリ

ー」と呼ばれ，王に対する服従と国教会体制を守る立場を取っていくことになる。

　結局この法案はチャールズ2世が議会内の嫌悪派と結びつくことで否決され，国王の思惑通り，1685年に自身が死去するとヨーク公がジェイムズ2世（1633-1701，在位1685-88）として即位した。当然のように即位後ジェイムズは，カトリックを優遇する政策を次々と打ち出していく。しかも1688年にはジェイムズの後継者となる皇太子が誕生する。ここに至ってホイッグとトーリーは連携し，イングランドのカトリック化とフランスの影響を回避すべく，ジェイムズの長女メアリとその夫であるオランダ総督のオレンジ公ウィリアムに向けて武力による政治介入の要請を行った。

　ウィリアムは「プロテスタントの宗教の擁護」を掲げてやってきたが，ジェイムズはイングランド国内における彼への圧倒的な支持を目撃し，なすすべなくフランスへ亡命せざるをえなくなった。翌年メアリがメアリ2世（1662-94，在位1689-94），ウィリアムがウィリアム3世（1650-1702，在位1689-1702）として共同王位に就き，大きな武力衝突もないままイングランド議会と国教会を擁護する革命が成し遂げられたことで，この事件は「名誉革命」と呼ばれるようになった。

2　ロックの生涯

　ジョン・ロックはイングランド南東部にあるサマセット州のリントンという村で生まれた。ロックの一族は，もともと中流のジェントリー層に属する家柄であったが，弁護士である父親がそれまでの資産を食い潰したため，決して裕福な家庭ではなかった。また代々敬虔なピューリタンの家系であったため，ロックも少年時代は厳格な教育を父親から叩き込まれることになる。

　ロックは非常に聡明な少年として成長し，父親の上官であったポファムの支援によって，ウェスト・ミンスター・スクールへの入学を許可され，そこでギリシャ語とラテン語の習得に励んだ。また52年には給費生としてオックスフォード大学のクライスト・チャーチに入学し，哲学や医学などの研究を行う。

第1章　ロック　　11

年 譜	
1632年	イングランド，サマセット州リントンで生まれる。
1642年	チャールズ1世処刑（ピューリタン革命）。
1660年	チャールズ2世，亡命先のフランスから帰還（王政復古）。
	クライスト・チャーチのギリシャ語講師になる。
1673年	通商植民委員会主事に就任。
1679年	議会において「王位継承排除法案」提出されるが，廃案になる。
1683年	オランダへ亡命。
1685年	ジェイムズ2世王位就任。
1689年	イングランドへ帰国。『宗教的寛容に関する書簡』刊行。
1690年	『統治二論』刊行。1668年に引き続き国内で「利子率論争」が再燃。
1692年	『利子・貨幣論』刊行（～95年）。
1704年	エセックス州のオーツにて死去。

60年12月にクライスト・チャーチのギリシャ語講師となり，学者の道を進み始めるが，この時期の政治的混乱はロックのその後の人生に大きな影響を与えていくことになる。

　一時的に外交官の仕事を経験することはあったが，再び大学で新しい科学や医学を研究し始めたロックは，その時アシュリー卿（後のシャフツベリー伯）に出会い，才能を評価され，1667年には卿の邸宅に秘書兼侍医として迎え入れられることになった。この時期にロックは「利子論草稿」および『人間知性論』のA原稿とB原稿を執筆する。またアシュリー卿の秘書となったことで様々な経済政策に関わり，1673年には通商植民委員会の主事に任命される。

　このまま順調に実務上の研鑽を重ねていくかに思われたが，ほどなくして政局的な事情から通商植民委員会の職を解かれる。さらに「王位継承」問題をめぐって，アシュリー卿が失脚・亡命したことで，ロックもその余波を受け，1683年にはオランダへ亡命せざるをえなくなった。

　しかし1688年に名誉革命が実現すると，5年5カ月にわたる亡命生活に終止符を打ち，翌年女王となるメアリとともに帰国を果たす。帰国後それまで書き留めていた『人間知性論』と『統治二論』の出版を手始めに，数々の著作を刊

行し始める。他方で政府から様々な要職への就任を求められるが，健康問題を理由に固辞したことで，重要な政策決定に関与することはほとんどなかった。ただし96年の交易植民局委員への就任によって，当時の経済問題に多少関わることになる。またこの時期，60年代以来再燃した「法廷利子率引き下げ論争」に関与すべく『利子・貨幣論』を刊行する。

　ロックが72年の生涯を閉じたのはエセックス州のオーツであった。1691年にロンドンから移り住んだこの地で，かつて恋愛感情を抱いたマシャム夫人に看取られながら，この世を去った。

3　『統治二論』に見られる経済論

(1)　自然状態

　ロックは『統治二論』の中で，すでに存在する政治社会がどのようなものかを相対的に評価するために，政治社会が成立する以前の人々の関係性の持ち方を「自然状態」として考察する。自然状態を参照点にするやり方は，ロック以前のホッブズ（Thomas Hobbes, 1588-1679）にも見られる方法であるが，ホッブズが自然状態を「万人の万人に対する戦争状態」として理解したのと異なり，ロックはそれを誰にとっても平等で自由な状態であると考えた。

　ただしロックが考える「自由」とは「放縦」のことではない。自然法の範囲内で自分の行動を律し，自分が思う通りに所有物や身体を使うことができる自由である。だからそこでは他人の意志に従属させられることもないが，他人を自分の思うままに従わせることもない。つまり自然状態においては，誰であっても正当な理由なしに他人の命を奪ったり，財産を剥奪したりしてはいけないということが，自然法によって命じられている。

　では万一何者かが他人の生命や財産を奪った場合，彼はどのように処罰されるのか。ロックによると自然状態において，「自然法を執行する権利」は各人の手に委ねられている。つまり自分の所有物が他人に奪われた場合，相手を処罰できるのはその本人だけということになる。なぜなら自然状態では，人は互いに平等なので，他の人に優越して自然法を執行できる人間などどこにもいな

第1章　ロック　　13

いと考えるからである。

⑵　「労働による所有」論

　自然法の教えるところに従えば，神は人類を平等なものとしてつくり上げたし，『旧約聖書』の「詩篇」の中では，神が人類みんなに世界を共有物として与えたとされる。だとすれば現在のように個々人に私的所有権が存在することをどのように説明できるだろうか。またその一方で当時国王大権を発展させたい論者からは，所有権のあり方を根拠に人々を国王に従属させるような議論も起こっていた。

　人類の平等を前提とするロックにとって，アダムとその継承者以外は誰も所有権を持つことができなかったというフィルマー（Sir Robert Filmer, 1588頃-1653）の考え方は，到底受け入れられものではなかった。そこでロックは自然状態における人類の平等と私的所有権の存在を両立させるために，「労働による所有」（労働所有権論）という考え方を導入する。

　ロックによると，たとえ神が大地や世界の動植物などを人類みんなの共有物としてつくったとしても，人間は自分の身体に対して排他的な所有権を持っている。ならばこの身体を使って行う労働（labor）と手の働き（work）によって自然から取り出されたものは，それを取り出した人物の所有物であると考えることに無理はない。ロックは人々のこの営みによって，「他人の共有権」を排除する何かが共有物に付け加えられたと考える。こうして労働による所有権の発生という考え方が確立されていった。

　他方で「労働による所有」論は，労働を経由すればいくらでも所有権を主張することができるのかという問いを生じさせる。ロックによると，ひとの所有権は「それらを享受する程度」に制限されている。つまり採取しすぎたり，つくりすぎたりして手に入れたものを無駄にしたり，腐らせたりしてはいけない。なぜなら消費可能な範囲を超える部分は，本来なら誰かが手に入れるはずのものであり，それを無駄にしたとなると他人が本来入手するはずの分け前を横取りしたことになってしまうからである。

　それでは自分が享受できる以上の生産物をつくることは，自然法に反するこ

となのか。この問題が難しいのは現状の世の中が，自分が消費する以上のものを生産し，交換することで成り立つ社会であるからだ。果たして現状の世界のあり方は自然法によって是認されるのだろうか。

ロックは「貨幣」の使用が，この所有権の制限という問題を解決すると考えた。例えばある人が1週間もすれば腐ってしまうかもしれないプラムを大量に採取し，自分が食べることのできない余った部分を保存のきく木の実と交換したならば，プラムを無駄にしたわけではないので，他の人々の

ジョン・ロック

権利を侵害したことにはならない。同じように採取したプラムを木の実よりもずっと保存のきくキラキラ光る小石やダイヤモンドと交換し，自分の手元で一生保存したとしても，プラムを無駄にしたわけではないのだから咎められることはない。なぜなら自然法による「所有権の制限」では，所有物の保有量でなく，所有物を腐らせ無駄にしたかが問題になるからである。

一旦「貨幣」の使用が始まると，人々はより貨幣に適した素材として金や銀を使いだす。また生産したものが形を変えて保存ができるとなると，人々には自分が消費する以上のものを生産する動機が生まれ，さらなる生産を求めて今以上に土地を所有しようとする。こうして各人の財産や土地所有に関して不平等が蔓延していく。ロックによると，所有の不平等は，自家消費にのみ限定されていた時代には起こるはずのなかった所有の権限についての争いや他人への権利侵害を生じさせることになった。

(3) 共通権力の創出

自然状態は自由で平等で誰にも従属せず，自分こそが身体と所有物の主人であるような状態だと描き出されたが，ではなぜ人々は自由を手放して，誰かの統制を受けるような社会状態へと移っていこうとするのか。ロックによると自

然状態において各自が手にしていた「権利の享受はきわめて不確実であり，絶えず他者による権利侵害にさらされて」（ロック『統治二論』441ページ）いるので，この不安と危機感を避けることがどうしても必要であった。

　というのも自然状態では自然法が存在するとはいえ，一般的な同意を得た共通尺度としての「公知の法」がない。これがなければ日常的に発生する様々な紛争を解決することができない。またこの法を運用する権威を持った「衆知の公平な裁判官」がいない。人は判断を下す場合，どうしても自分を身びいきし，有利なように取り計らってしまう。それを避けるためにも公平な判定者が必要になる。そして正しい判決が下された後，その判決を正しく「執行する権力」が不可欠である。

　こうして人々は各自が持っていた処罰権力を進んで放棄し，みんなから任命された人物の手に委ねるとともに，共同体から選ばれた人々によって定められた規則（法）に従っていくことを選択する。これが「統治と社会とのそもそもの権利と起源」であり，「立法権力と執行権力との本来の権利と起源」（同，444ページ）である。

　所有権を侵害されることへの不安や危機感が，より安定した形態としての政治共同体の創設へと結びついたと考えるなら，政治共同体が何よりも努めねばならないのは，各人の所有権を保全することである。またそのためには人々の置かれている状況をより安定させる法を整えねばならない。その意味で「立法権力」を担う「立法部」は何よりも重要なものだと位置づけられた。

　しかし万一立法部が人々の所有権を奪い，破壊するようなことをすれば，それは本来の目的を忘れているとしか言えないので，「信託違反」として立法部の手元にある権力は喪失され，再び人々の元へと権力が取り戻されることになる。もちろん執行権力についても同じことが言える。

　いずれにせよ為政者が政治共同体を創設した本来の目的を忘れ，創設の本義に背くようなことをした場合には，人々は「天に訴えて」，為政者が持つ権力を自らに取り戻す「抵抗権」を発動させることができるとされた。

4　利子率引き下げ論争

(1)　1660年代の利子率論争

17世紀半ば以降のイングランドは，名誉革命をめぐる騒動だけでなく，対外的にも国内的にも様々な問題を抱えていた。対外的には西インド諸島の領有をめぐるスペインとの植民地争奪戦争や第2次英蘭戦争，また国内においてもペストの大流行（1665年）とロンドンの大火災（1666年）によって大変な財政危機に見舞われる。

こうした国家の経済的困難への対処策として浮上したのが，法定利子率を6％から4％へ引き下げることで，金融緩和を行い行き詰まった経済を浮揚させようという提案であった。この利子率引き下げ論の代表格がジョサイア・チャイルド（Sir Josiah Child, 1630-99）であり，1668年には私的なパンフレットとして「貿易と貨幣利子に関する簡略な所見」を発表する（『新交易論』（1693年）所収の「交易等にかんする一論」）。

「所見」では，オランダがイングランドよりも繁栄している15の理由が列挙されているが，中でも最後に取り上げた「貨幣利子の低さ」こそ「オランダ国民の富と商業との多大な増加の一因」（チャイルド『新交易論』47ページ）だと強調されている。チャイルドが観察するところでは，数十年前の利子率が高かった時代よりも，利子率が下がった時代の方が社会は豊かである。また現状においても利子率の高い国はおしなべて国民の生活が困窮しているが，オランダやイタリアのような利子率の低い国の国民は富裕で，豊かな衣服を身にまとっている。そこから彼は「利子引き下げはすべての国民の繁栄と富との原因」（同，53ページ）であると分析し，もしイングランドで利子率を6％から4％ないし3％に引き下げると，20年以内に国民の資本を2倍に増やすことができると結論づけた。

これに対して，おそらくアシュリー卿の依頼によるものだろうが，ロックはチャイルドの議論を批判するために「利子論草稿」（「利子の4％への引き下げに伴って起こりやすい若干の結果」）を書き上げ，低い利子率というものは，経済発展の原因ではなく結果であることを主張する。

第1章　ロック　　17

ジョサイア・チャイルド

(2) 1690年代の利子率論争

1660年代の議論を通して、一旦は「引き下げ阻止」で決着がついたかに思えた「利子率論争」であったが、名誉革命を挟んで90年代に再燃することになる。その原因の1つは1689年に始まったフランスとの戦争の影響により、利子率が高騰し、商人層からの利子率低下への要求が高まったことにある。またチャイルドの「利子率引き下げ論」が再び脚光をあびたことも、議論の盛り上がりに拍車をかけた。

1690年10月に6％から4％への利子率引き下げ法案が下院に提出されたが、これは11月の第2読会で否決される。この時期の動きを受けて、ソマーズはロックに「利子論草稿」を書き改めた上で出版することを勧める。翌年11月に再び法案提出のための動議が下院で可決されたが、この度の法案も5％への引き下げという修正を加えられたにもかかわらず、1692年1月に上院で否決されることになった。『利子・貨幣論』は、91年の法案提出のすぐ後に出版認可を受け、年内に刊行されたと言われている（公式の出版は1692年）。

5 ロックによる利子論

(1) 利子率の決まり方

『利子・貨幣論』の「利子論」の3分の2は「利子論草稿」の内容を下敷きにしており、新たに書かれたものというよりも、「利子論草稿」に新たに加筆したものだと言える。

ロックによると、売買において貨幣は他の商品と同じような価値法則に従う。

金融政策は誰のためのものか？

　哲学者・思想家として名を馳せたロックであるが，実務家としても2度にわたる「利子率引き上げ論争」に関わっていく。ロックの考えは低利子率が経済活動の活況をもたらすと考えれば望ましいことではあるが，それは人為的に左右されるべきものでないというものであった。ここで彼が念頭に置いたのは「事物の自然な流れ」を邪魔することで，社会の富が一部の人たちに偏っていくことの弊害である。すなわちロックには金融政策とは誰の富を誰の富に付け替えるかという利益配分の作業でもあるという認識があった。今日，「景気浮揚」の名のもと行われる為替相場の誘導や超低金利政策が，利益配分を伴う政策であることをロックの提言はあらためて思い出させてくれる。

つまり市場における貨幣の需要と供給（借り手と貸し手）のバランスによって利子率が決まってくる。そのため現在利子が高いとしても，それは貨幣が不足しているからであり，その問題を解決せずに無理やり法廷利子率を引き下げたとしても，様々な弊害をもたらすだけであった。

　そもそも利子率は法律によって人為的に規制できるものだろうか。ロックはぶどう酒や絹のような便益品や飢饉の際の食料品の価格を決めることが難しいように，トレードにおいて貨幣の必要性が高まれば，「想定以上の利息を徴収するのを法律で阻止できない」（ロック『利子・貨幣論』7ページ）という。とはいえ法定利子率を設定することは，政策的な観点から意味がある。例えば貨幣の貸し手と借り手の間で債務履行上の係争が行われた場合，法律によって利子率が定められていた方が問題解決を容易にするだろう。また抜け目ない金融業者が結託し，交渉力の低い借り手を食い物にすることを防ぐという目的もある（同，98-99ページ）。

　それでは法定利子率は何を基準に定められるべきか。ロックによるとそれは自然利子率に近いところで決まる。ロックの言う自然利子率とは「貨幣が平等に配分される場合に，現在の貨幣の欠乏が自然に到達させる金利のこと」（同，9ページ）である。利子率が上がったり下がったりするのは，トレードの活発度合いにかかっているのだから，無理やり利子率を下げようとしても余計に混乱をきたす。

また政策上の必要から法定利子率を定めるにしても守るべき限度というものがある。利子率を高くしすぎて，商人や商工業者の利潤を完全に喰いつぶしたり，彼らの勤労意欲を奪ったりしてはいけないし，反対に利子率を低くしすぎて，貸し手のリスク意識から貨幣貸与への躊躇を生じさせてはいけない。「それ〔利子〕が高すぎる場合には，商人の利得を妨げるので，彼は借りなくなるであろうし，低すぎる場合には，貨幣所有者の利得が妨げられるので，彼は貸さなくなるであろう」（同，100ページ，〔　〕内引用者）。要するにその上限は商工業者の意欲を失わせず，その利潤率を超えない程度に，またその下限は貸さないことより貸すことのメリットが感じられる程度（流動性選好）に設定されねばならない。

　要するにロックは法定利子率の政策上の導入に意味があるとしても，根本的には経済法則によって貫かれていると考えており，その点で人為的な金利操作によって経済状況が何とかできるという立場とは異なっている。

⑵　低利子率とトレードの活性化

　では具体的に需給法則に反して法定利子率が引き下げられた場合のデメリットとは何か。まず利子率が低くなりすぎると貨幣所有者が他人にお金を貸してもあまり利子所得を得られないので，貨幣を手許に保管しておく（退蔵）ことにメリットを感じるようになる（流動性選好）。また外国人の貸し手が，思ったほどの利得が得られないと考えて貨幣を引き上げるかもしれない。いずれの場合もイングランドのトレードに必要な貨幣量が不足することになる。また『利子・貨幣論』で付け加えられたこととしては，寡婦や孤児など財産を貨幣で持っているが，「最も援助と救済を必要としている人々」（同，4ページ）に大きな損害を与えるかもしれない。

　とはいえロックも低い利子率がトレードの繁栄と無関係だとは考えていない。もともと彼は利子の発生原因を「貨幣の希少性」に求めていた。だから貨幣の希少性を克服すれば利子率は下がり，トレードも活性化するし，反対に貨幣量がトレードの大きさに比して少ないと，トレードを阻害することになる。「ある大きさのトレードを動かすには一定の割合の貨幣が必要であり，その一部の

貨幣の動きが止まると，それだけドレードが減少するからである」(同，15ページ)。

では必要な貨幣量を手に入れるにはどうすればよいのか。ロックによると金や銀などの貴金属は，それ自体に活用方法はほとんどないが，生活のあらゆる便宜品を支配するということから，富は金銀の豊富さにかかっていると考える (同，15-16ページ)。もちろん金や銀を産出できる鉱山があれば問題ないが，イングランドにはそのような鉱山はない。彼によると自前で産出する以外に「富」を手に入れる方法は，「征服」と「通商」の2つしかない。もちろん今日，武力によって世界の富を手に入れることは現実的でないので，自ずと通商に頼らざるをえない。「商業は，それゆえ富裕になるためにも，はたまた生存の維持のためにもわれわれに残された唯一の道」(同，17ページ) ということになる。

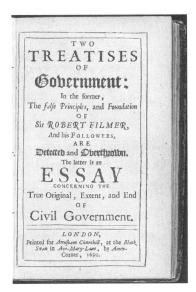

『統治二論』タイトルページ

すなわち貿易を通してプラスの貿易収支を手にすることで，国内の貨幣量を増加させ，トレードを活性化させる。ロックにおいて重要なのはトレードを活性化させ，トレードを通して富を産出することであり，そのためにはトレードを可能にするある一定量の貨幣が必要になる。「トレードはそれゆえ富を生み出すのに必要であり，貨幣はトレードを営むのに必要である」(同，18ページ)。

ロックの意識においてトレードを阻害しないということが重要だと考えるなら，利子率の人為的引き下げはトレードの流れを阻害し，本来もたらされるはずの「富」を喪失するかもしれないという懸念を引き起こす。ロックにとってトレードと貨幣は同時に考えなければならない課題であった。

だから利子率論争で引き下げ派が主張した，利子率を引き下げさえすればトレードが活性化し，経済が繁栄するという考え方は，ロックにとって利子率と

第1章 ロック 21

トレードの関係の一面的な見方にすぎない。重要なのはトレードがいかに活性化するかを第一義的に考えることであり，利子率を下げればトレードが活発になると考えることは，原因と結果を取り違えているとされた。

6　トレード活性化と土地単税論

　以上のように貨幣量を増加させることではなく，トレードの活性化を何よりも強調したロックの議論は，彼の租税論においても顕著である。ロックによると租税は直接土地に課される「土地税」と商品に課される「消費税」に分類される。

　土地税の場合，税は直接地主や土地所有者から徴収されることになるので，いわば地代の受取人が土地所有者から国王へ移るだけであり，農場の価値を引き下げることはない。それに対して消費税にはいくつかの問題点がある。まず消費税を徴収するとなるとそれなりの徴税コストがかかる。もし徴税コストが大きな部分を占めることになれば，税を徴収するメリットがそれだけ減じられることになるからだ。また消費税は商品の価格をその分だけ上昇させてしまう。さらにそれによって物価が高騰すると，結局地主がいくらかの負担を背負うことになる。以上の理由からロックは税制における土地単税論を主張する。

　この点について，ロックが政治イデオロギー的な観点から，地主層よりも自作農の立場を代弁していたと捉えるべきではない。ロックの関心は，あくまでもトレードの繁栄を阻害しない税制がいかにして可能かという点に集約されている。それは例えばペティ（William Petty, 1623-87）とロックの間の税のあり方の対比においても明らかである。ペティは公平性の原則を維持するために税のあり方として消費税を支持していた。これに対しロックは，公平性の原則を多少放棄したとしても，勤勉に働く人々の手元に資本が蓄積され，トレードがますます活性化していくことを優先していた。

　こうした税制の考え方においても，『統治二論』で描かれた自らの労働によって所有権を確立していく勤勉な市民像と，トレードの活性化による政治共同体の繁栄というロックによる2つの理念の大きな重なりが理解できる。

参考文献

ロック『完訳 統治二論』加藤節訳，岩波文庫，2010年。

――『利子・貨幣論』田中昭司・竹本洋訳，東京大学出版会，1978年。

チャイルド『新交易論』杉山忠平訳，東京大学出版会，1977年。

浜林正夫『ロック』研究社出版，1996年。

生越利昭『ジョン・ロックの経済思想』晃洋書房，1991年。

――「ジョン・ロック」坂本達哉編『経済思想3 黎明期の経済学』日本経済評論社，2005年。

竹本洋「ロックの利子論と名誉革命期イングランド経済の一断面」『大阪経大論集』第120号，1977年

［章末問題］

(1) ロックは私的所有権の根拠を何に求めたか説明しなさい。

(2) ロックが考える市場経済社会の発展過程を「貨幣」という語を使って説明しなさい。

(3) 17世紀後半のイングランドで起こった「法廷利子率引き下げ論争」の概要を解説するとともに，ロックの立場をその対向者と比較しなさい。

第2章　ケネー

1　フィジオクラシー登場の時代背景

18世紀半ばのフランスは，17世紀以来行われてきたルイ14世（1638-1715，在位1643-1715）の財務総監コルベール（Jean-Baptiste Colbert, 1619-83）による経済政策，いわゆる「コルベール主義」（Colbertisms）の後遺症によって，経済構造の様々な局面で大きな歪みがもたらされた時代でもあった。

1665年財務総監に就任したコルベールは，貨幣量こそが国力を決定すると考え，疲弊した国家財政を再建すべく，貿易収支の黒字化を目指し，主力産業である高級毛織物業や奢侈品産業の育成を強力な国家規制のもと推進していく。ただしあくまでも対外貿易での成果を求めたため，国内向け産業の担い手である小規模な手工業者の活動は押さえつけられることになる。

またこの階層はフランスのプロテスタントであるユグノーの出身者が多い。一方でコルベール主義による小規模手工業者への経済的締めつけ，他方でルイ14世による「ナント勅令の廃止」（プロテスタントの禁止）による宗教的抑圧によって，本来であれば都市の経済を推進していく立場の人々の活動が大きく押さえつけられることになる。結果的に大量のユグノーが，オランダやイギリスへ亡命することによって，都市経済の担い手を大きく失うことにもつながった。

さらにコルベール主義はフランスの農業部門への大きなダメージを与えることになる。彼の政策は外国貿易における王国製造業の優位を目指すものであるが，その条件として食料や原料などの農業生産物価格を低く抑える必要があった。そのため農作物の輸出は厳しく制限され，国内の穀物価格を不当なまでに抑制するという方策が打ち出される。国内で消費される食料価格を低く抑える

25

やり方は，過剰な食料供給による価格崩壊へと結びついていく。さらに慢性的な財政危機に対処すべく課されたタイユ・ロワイヤル（人頭税）の重税化方針とともに，この政策は農業従事者を厳しく追い込んでいくことになった。

　こうした時代を背景として，為政者による人為的な輸出禁止などの経済政策ではなく，自然が本来持つ自然法則に基づいて経済政策も実行されるべきだと考えたのが，ケネーに代表される「フィジオクラシー」（重農主義）という経済グループの立場であった。

2　ケネーの生涯

　1694年6月，フランソワ・ケネー（François Quesnay, 1694-1774）は，パリ近郊のメレという村に，13人兄弟の8番目の子供として生まれた。ケネーは11歳までほとんど読み書きができなかったが，造園業者に読み書きを教わるうちに医学への関心が芽生え始める。1707年，13歳の時父親を亡くすことになり，この時外科医になることを志す。近隣の外科医のもとで修行に励むが，翌年にはパリに出ることになった。パリに出た当初，母親の勧めもあってケネーは版画師の修行を積むが，その傍ら外科医としての勉強も続ける。1717年に外科医の資格を取得し，翌年マントで外科医として開業すると同時に，内科医としての勉強も始める。1730年には「外科学会」を自ら創設し，内科医に比べてそれまで一段低く見られていた外科医の地位向上に努めた。さらに外科だけにとどまらず1744年には，ポンタムソン医科大学で医学の博士号を取得し，様々な医学論文を発表，医学者としての名声も獲得していく。

　そして1749年にはルイ15世の寵姫であったポンパドゥール公爵夫人の侍医となり，ヴェルサイユ宮殿の「中二階」に居室を与えられることとなった。さらに1755年にはルイ15世の宮廷医に昇進する。

　この時期，ケネーの関心は医学にとどまらず，哲学・社会・そして経済へと広がっていく。1756年には，ディドロとダランベールが編纂する『百科全書』に「明証」，また経済論文である「フェルミエ（借地農）」，翌年には「穀物」を執筆する。

年　譜	
1694年	パリ郊外ヴェルサイユ近くのメレで誕生。
1717年	パリに出て版画師の修行をしていたが外科医になる。
1737年	外科アカデミーの終身事務局長に任命され，国王の常任外科医に就任。
1744年	医学博士号を取得。
1749年	国王ルイ15世の寵姫ポンパドゥール公爵夫人の侍医を務め，ヴェルサイユ宮殿の中2階に居室を与えられる。
1756年	ディドロ，ダランベールが編纂する『百科全書』の「明証」項目を執筆（57年「フェルミエ（借地農）」執筆。58年「穀物」執筆）。
1758年	「原表」（最初の「経済表」）発表→ミラボー（父）との交流始まる。
1766年	「経済表の分析」発表。
1767年	「範式」（最終版）。
1774年	ルイ15世の逝去に伴い，居を移したグラン・コマンで死去。

　1758年には最初の「経済表」（原表）が公表され，59年には第3版がミラボーの『人間の友』に注釈付きで掲載される。さらに1766年には「経済表の分析」，翌年には最終版である「範式」が発表された。こうして彼の経済学に関する仕事はほぼこの10年間に集中したと言えよう。

　1774年ルイ15世が天然痘により逝去したことに伴い，ケネーもヴェルサイユ宮殿から離れ，グラン・コマンに居を移すことになるが，その年の暮れ，その居城で80年の生涯を終えることになった。

3　自由の体制と富の再生産秩序

　人間とは快楽の感覚を求め，苦痛を退ける生き物である。そのため快楽であれば幸福であるし，不快であれば不幸であるという功利主義的な「快苦原理」に従って，ケネーは自らの理論的立場を確立していく。幸福を高めるためには快楽を増大させればよい。また快楽の増大には欲求を満たすことのできる財の獲得を目指さなければならない。要するに人々にとって財の所有を拡大することは一層の快楽＝幸福につながるというわけだ。

　それでは財を拡大するためには何が必要になるのか。ケネーは「自然の諸法

第2章　ケネー　　27

フランソワ・ケネー

則」に則った「富の再生産秩序」に従うことが必要であるという。こうした秩序は「自然法」に基づいて形成されるし、私たちの判断と実定法も自然法に基づいて行われるべきだと考えられる。さもないと「人間の生存に必要な財の欠乏や減少によって罰せられる」ことになる(「中国の専制主義」)。

そこで財の欠乏や減少を避けるために必要となるのが「経済科学」であり、経済科学を通して物理的な法則性が解明されねばならない。こうして明らかにされた「富の再生産秩序」を幾何学的かつ算術的に解明したのが「経済表」であった。

4 「経済表」

(1) 「経済表」を構成する3つの階級

ケネーの「経済表」には、描かれた順に「原表」、「略表」、「範式」という3つのヴァージョンがあるが、原表は今日残されておらず、略表と範式が数部ずつ存在するだけである。ここでは経済表の一応の完成形態と考えられる「範式」を通して、ケネーの分析を確認していこう。

経済表は国民を3つの階級に分類し、各階級間でお金と生産物がどのようにやり取りされるかをジグザグの線で表したものである。この3つの階級はそれぞれ生産階級、地主階級、不生産階級と呼ばれる。生産階級は農業生産を担うことで国民の富を毎年生み出す階級で、主にフェルミエ(借地農)などの農業従事者から構成されている。地主階級は「主権者、土地所有者そして10分の1税徴収者を含む」、生産地を保持し、農業従事者に土地を貸し与え、生産を行わせる階級であり、主に貴族や教会勢力から構成されている。そして不生産階級

> ### 外　科　医
>
> 　外科（chirurgie），外科医（chirurgien/ne）という言葉はギリシャ語のchir-「手」を表す
> 語に由来する。外科医は頭脳を働かせるより手を働かせる者として，一般の医師よりも低
> い地位に置かれていた。いわば民間治療士的な職業であり，理髪師や歯を抜く人と同列に
> 扱われている存在であった。1743年国王の命令により，シリュルジアンは理髪師などと
> 区別されるようになった。

（不妊階級）は農業以外のサービスや労働に従事する手工業者などの市民からな
る階級である。

　ケネーは農業活動のみが投入された資本を上回る「余剰生産物」，すなわち
新たな価値を生み出す生産的な営みであると考え，この活動に従事する人々を
「生産階級」と名づけた。他方で農業以外のサービスや労働に従事する人々は，
何ら新たな価値を生み出さないということから「不生産階級」（不妊階級）と名
づけられた。とはいえそれぞれは生産活動を行い，経済を循環させる上で，誰
一人として欠かすことのできないプレイヤーであるとも考えられている。

(2)　前払い

　「経済表」によると，それぞれの階級は生産活動を始める前に「前払い」を
行う。「前払い」には2種類あり，生産活動そのものを始めるにあたって必要
となる生産設備などへの資本投下を「原前払い」と言い，他方で年々の生産活
動を行う際に必要となる種苗代や労働者の賃金などに充てられる前払いを「年
前払い」と言う。いわば「原前払い」は固定資本に当たり，「年前払い」は流
動資本に当たる。これら前払いを前提として，経済循環が語られていくのがケ
ネー「経済表」の大きな特徴である。

　なお循環過程の分析で説明される「原前払いの利子」とは，創設された設備
の減価償却費や，万一の災害に対処するための補償として考えられる。

第2章　ケネー　　29

⑶ 「経済表」の分析

　「経済表」は1年間における経済活動の内容を表している。生産階級は50億リーブルの農業生産物を生産する。不生産階級は20億リーブルの工業生産物を生産する。地主階級は20億リーブルのお金を徴収し，これを使って1年間の生活を営む。

　まず生産階級に目を向けると，生産階級は50億リーブルの農業生産物を生産するが，そのうち20億リーブルは「余剰生産物」だとされる。すなわち30億リーブルの資本を投下して，あらたに20億リーブルの「純生産物」(produit net) が生み出される。

　この30億リーブルの内訳は，まず10億リーブルが「原前払いの利子」(固定資本の減価償却分) に充てられる。この費用を計算に入れないと理想的な経済循環が回らなくなるとケネーは考えた。生産活動を始めるにあたって最初に投入された原前払い (固定資本) の「絶えざる修復を要する日常的な原価」が必要であるのは，「この膨大な基本が〔当初と〕同一状態にとどまるためであり，……消滅に向かっていかないようにするため」(ケネー『経済表』118ページ) であり，大災害に対処するためである。原前払いが100億リーブルだとすると，そのうちの10% (10億リーブル) は固定資本の損耗分として，不生産階級に支払われねばならない。

　30億リーブルのうちの残りの20億は「年前払い」として農産物の購入 (10億リーブルが飼料，10億リーブルが食料) に充てられる。

　こうして30億リーブルの前払いを投じると，1年間で20億リーブルの純生産物をつくり出すことができ，それを地代として地主階級に納めることで，翌年も同じ規模の生産活動を行えるようになる。

　次に全体的なお金と生産物の流れを辿っていく。まず地主階級は前年度に得られた収入20億リーブルのうちの10億を使って生産階級から食料およびその他の農産物を購入し，残りの10億を使って，不生産階級から工業生産物を購入する。ここで購入された生産物を消費しながら，1年間生活する。

　生産階級はこの時地主階級によって支払われた農作物の代金で，不生産階級から用具や機械を購入する。その一方で不生産階級は10億の前払いで生産階

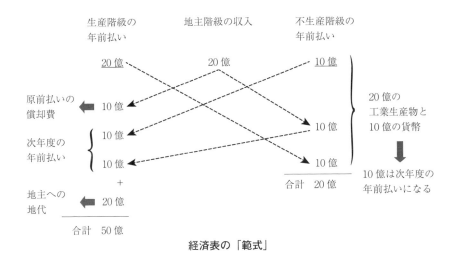

経済表の「範式」

級から原料を購入し，20億の加工品を生産する。10億リーブル分の加工品を，地主階級と生産階級に販売するが，そこで手に入れられたお金は非生産階級が1年間に消費する食料の購入と，次年度の前払い分に充てられる。この時生産階級の手元には地主階級によって支払われた食料の代金が10億，非生産階級によって支払われた食料の代金が10億，そして非生産階級から支払われた原料の代金が10億存在する。このうちの20億を地代として，地主階級に支払い，残りの10億を非生産階級への「原前払いの利子」として支払う。農業活動を通じて新たに生み出された20億リーブル分の「純生産物」は，生産階級の年前払いとして，階級内で消費される。

この議論の中で重要なのは，生産階級だけが20億の純生産物を生み出し，それによってすべての階級を養い，各階級間の経済循環を可能にしているという点である。

(4) 「経済表」の意義

生産階級だけが新たな価値を生み出すとされた分析であるが，地主階級および非生産階級も経済活動の担い手として，必要不可欠な役割を担っているということは強調される。例えばこの包括的な経済活動における地主階級の役割は，

第2章 ケネー 31

彼ら自身が保有する土地を継続的に利用可能な形で保全することである。その
ためには土地の生産性を上げるための土地改良やインフラ整備などが必要にな
るだろう。また非生産階級は生産階級が農作業を行う上で必要になる工業製品
や，地主階級が利用する日用品などを提供する。

　つまりそれぞれの階級が経済表に示されるようにお金と財を交換していくこ
とで，初めて生産階級が純生産物を生み出すことも可能になり，社会を破滅す
ることなく維持することが可能になる。

　要するにケネーが「経済表」を描き上げたことの意味は，単に生産階級のみ
が純生産物を生み出せるという農業主義的な主張を行うことではなく，貨幣と
財の交換を通じて可能になる「生産の構造」を明らかにした点にある。

5　「経済表」から帰結する政策

　次にケネーは経済表の分析を土台にして，どのような経済政策が王国の発展
に貢献するかを考察する。その具体的な提案が「経済表」に付された「シュリ
ー公の王国経済要諦」であり，フィジオクラットの経済政策を端的に表すもの
である。

　ケネーによると税体系は経済の再生産過程を壊すようなものであってはいけ
ない。徴税は，誰の分け前のどの部分を徴収するかの判断が難しいが，再生産
構造を崩さないということを第一義的に考えるなら，税は農業従事者である生
産階級の年前払いから徴収されるのではなく，純生産物から徴収されねばなら
ない。純生産物というのは地主階級の収入とされるもので，翌年度の年前払い
に充てられる部分である。またこの純生産物から徴税されるとなれば，取得で
きる部分を減らさないように，みんなは工夫して生産力を高めようと努力する
だろう。それが結果的に王国の生産性を高めていき，経済の維持や拡大に寄与
することになると考えた。

　こうして提案されたのが「土地単一税」であった。ケネーにとって土地単一
税が望ましいのは，農業から生み出される純生産物に課税することで，経済の
再生産過程を邪魔することなく，国庫を満たすだけの税収を確保することがで

きると考えたからだ。反対に自然な再生産過程を邪魔するような税体系は何としても避けなければならなかった。まさにこの点，生産物と貨幣が血流のように階級間でやり取りされながら，需要と供給の均衡が全体として成立することを解明したことが，経済の科学の登場を示している。

　ケネーが経済の科学を目指したのは，「実践における誤謬を避けるため」であった。そして実践における誤謬としてケネーが念頭に置いていたのが，「重商主義」的政策である。

6　「重商主義」批判

　ケネーによると当時の経済政策は富の源泉に関して「誤った」認識に基づいて組み立てられている。つまり当時の政府はいわゆる「重商主義」学説に立脚しており，貿易を通じて金銀の流入を増加させることが王国の富を増加させることだと信じていた。なぜなら「金があれば，人は必要なものすべてを買うことができるからである」（同，138ページ）。だから国家の貨幣所有量を増やすために，輸出産業を奨励し，国外からの輸入を制限する保護貿易政策が展開された。

　しかし「経済表」の思想からすると，その当時行われていた「重商主義政策」の国内商工業への優遇措置は，流通過程で生じる目先の利益にこだわるあまり，純生産物を獲得するのに必要な3階級間のバランスを崩す危険があった。

　例えば工業生産物の価格を独占によって高めに維持したりすれば，生産階級は事業を始める際に必要な原前払いや製造品の日常的な購入に負担を及ぼしかねない。そうなると本来生産できるはずであった純生産物が減少し，さらには王国の富そのものが損なわれるかもしれない。

　要するにケネーの懸念は，重商主義が流通面における貨幣の獲得を第1に考えるあまり，富を増大させる生産面の役割を軽んじてしまい，結果として国富の増大を大きく阻害するかもしれないというものであった。

　もちろんケネーの理論の中には，貨幣を富だと考えたり，そのために貨幣を蓄積したりという発想はない。彼には貨幣は財と交換され，財を流通させるた

めのものだという信念がある。そのため必要な財を購入するために貨幣が用いられないと，本来生産階級によって生み出されるはずの純粋生産物が生産されないということになりかねない。

　生産物を貨幣に転換して農業に利益をもたらすような支出から貨幣を奪うこと，これは富の年々の再生産をそれだけ減少させることになるであろう。一国民において貨幣量は，再生産それ自身が増加する限りにおいてのみ，増加しうるのである。さもなければ，貨幣量は富の年々の再生産を犠牲にしてしか増加しないであろう。(同，138-139ページ)

流通過程の貨幣を奪うことは，結果的に農業生産物の再生産量を減らし，貨幣も減少させる。貨幣すなわち富であるという見方に固執する限り，その思考の罠から逃れられなくなる。いずれにせよ流通面から貨幣を手に入れることではなく，生産面に注目し，「人間の享受にとってかけがえのない富を増加させ，永続させるべく最大限の再生産のための努力をする」(同，146ページ) ことだけが，(常に貨幣を目指す商人と違い) 農業国民にとって唯一なさねばならないことだという。

　またそうであれば，ケネーの議論において，地主階級 (国王・貴族・教会) の役割は非常に大きくなる。彼らがどのように貨幣を用いて，設備投資やその維持に貢献するかによって，純生産物の生産量が変わってくるからだ。その意味でケネーが描き出す地主階級とは，国家インフラを整える今日の政府が持つ役割も求められている。

7　「限界」とその後の影響

(1)　アダム・スミスによる評価

　スミスは『国富論』第4編第9章の中で，フィジオクラシーの思想体系，すなわち「土地の生産物がすべての国の収入と富の唯一の源泉であるとする体系」(スミス『国富論 (3)』299ページ) について解説しようとする。

スミスはこの体系が，産業部門を奨励するために農村の産業を犠牲にしたコルベールの「重商主義」政策への反発から登場したと指摘した上で，「完全な自由」こそ最適な自然的配分を確立し，そこから国家の繁栄につながるという彼らの考えに大いに共感を示すことになる。

しかしスミスはフィジオクラットたちが，工匠・製造業・商人という人々を不妊で不生産的な階級だと位置づけている点については強く批判する。第1にフィジオクラットたちが言うように，製造業者たちが生産工程の中で新たな価値を付け加えないとしても，自分たちの階級を生活させ，再生産させるだけの生産物をつくり出すのだから，それを不妊だと呼ぶことはいささか公平さに欠けるのではないかという。スミスが示す事例によると，2人の子供を産んだ夫婦が，人類の数を増大させなかったからといって，3人の子供を産んだ夫婦よりも不妊であるとか，非生産的であるとか述べるべきではないのと同じである。

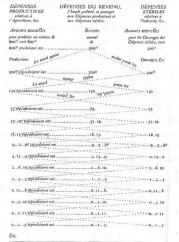

ケネーによる「経済表」
第3版の「基本表」

第2にフィジオクラットたちが，工匠・製造業者・商人を家事使用人と同一視することについてもスミスには不満があった。スミスの議論において家事使用人の労働は「行った瞬間消滅してしまう労務」であり，何ら具体的な品物を生み出すものではなかった。そのため世の中にとって有用な品物をつくり出す人たちと，すぐに消えてなくなるサービスしか提供しない人たちを同一視することはスミスにとって許されるものではなかった。

第3におそらく最も根本的な批判としては，工匠・製造業者・商人の労働が

新たな価値を何も生み出さないとフィジオクラットが考えた点である。例えば
ある期間に製造業者が10ポンドの値打ちの食料を消費しながら，10ポンドの
値打ちの品物を製造したとしたら，その期間に消費され生産されたモノの合計
は20ポンドになるのではないかと問うている。少なくとも10ポンドの値打ち
の品物を残すのだから，食料を費消し，何も残さない家事使用人との違いに触
れなければならないし，スミスの感じるところでは，不当に彼らを貶めている
ように見える。

　第4に農業における労働生産性の改善は，工匠・製造業者・商人の尽力なく
しては決して実現できないと考えるなら，農業部門と製造部門を切り離し，他
方を不妊だと貶めることはいささか公平性に欠ける。また「不生産階級」であ
っても，節約＝貯蓄を通して資本の増加に貢献することができると考えるなら，
それもまた不当な評価である。

　最後にスミスが見るところ「商工業国の収入は，他の事情が等しい限り，貿
易も製造業もない国の収入よりも常にはるかに大きいに違いない」（同，322-
323ページ）という事実がある。こうした経験的な観察から確認できる事実につ
いても，フィジオクラシーの体系ではうまく説明がなされないと批判する。

　これらスミスによる批判の根本には，農業生産物と非農業生産物では異なる
価値論のもとで議論が進められているということが示されている。

⑵　シュンペーターによる評価

　シュンペーター（Joseph Alois Schumpeter, 1883-1950）は1954年に刊行された
『経済分析の歴史』の中で，ケネーやフィジオクラシーの議論をジャン＝バテ
ィスト・セー（Jean-Baptiste Say, 1767-1832）を経由し，やがてワルラス（Marie
Esprit Léon Walras, 1834-1910）に至る，フランスにおける一般均衡理論形成史
の源流に位置づけた。

　シュンペーターの見立てでは，「経済表」が表しているのは「経済過程のあ
らゆる部門とあらゆる要素とが一般的相互依存関係を持ち，その中においては
……何ものも孤立せず，すべてが相互に関わり合っているという観念」（シュン
ペーター『経済分析の歴史（上）』438ページ）であるという。そして各部門の相互

依存性からシュンペーターは「経済表」の中に一般均衡概念の萌芽を見出す。彼によると「ケネーは一般均衡，すなわち経済の特殊小部門における均衡とは区別された全体としての経済の均衡を，社会の諸集計量の均衡と同一のものと見た」(同，438-439ページ) として，ケネー以来のフランス経済思想史の中に，一般均衡論の形成史を読み解こうとする。

参考文献

ケネー『ケネー全集 (2)』島津亮二・菱山泉訳，有斐閣，1952年。

──『経済表』平田清明・井上泰夫訳，岩波文庫，2013年。

スミス『国富論 (3)』水田洋監訳・杉山忠平訳，岩波文庫，2001年。

シュンペーター『経済分析の歴史 (上)』東畑精一・福岡正夫訳，岩波書店，2005年。

御崎加代子『フランス経済学史──ケネーからワルラスへ──』昭和堂，2006年。

大田一廣「フランソワ・ケネー」坂本達哉編『経済思想3 黎明期の経済学』日本経済評論社，2005年。

岡田純一『フランス経済学史研究』御茶の水書房，1982年。

［章末問題］

(1) ケネーの『経済表』に登場する3階級の役割について，それぞれの関係性から説明しなさい。

(2) 「原前払い」と「年前払い」の果たす役割について解説するとともに，それぞれがどのようにして回収されるか説明しなさい。

(3) アダム・スミスがフィジオクラシーを評価した点と批判した点について，具体的に説明しなさい。

第3章　ヒュームとステュアート

1　ヒューム，ステュアートそしてスミスの3人の 経済思想を育んだスコットランド

　イングランド女王エリザベス1世（1533-1603, 在位1558-1603）の死後，スコットランド王ジェイムズ6世（1566-1625, 在位1567-1625）がジェイムズ1世（在位1603-25）としてイングランド国王を兼務しておよそ1世紀の間，両国関係は安定的ではなかった。イングランドに対して経済的には後塵を拝していたスコットランドは，起死回生を図るべく，イングランド銀行の発案者W.パタースンの提案により17世紀末中米パナマ地峡・ダリエンに計画した植民地の建設に失敗した。さらに，名誉革命によって大陸への亡命を余儀なくされたスコットランド王家の復活を目指すジャコバイトの反乱がいく度も不安を醸成はしたが，スコットランドは1707年，イングランドとの合邦を受け入れ，独立国家としての主権と交換にイングラントの重商主義体制の傘下に入り，新大陸貿易による経済的浮上と，スコットランド啓蒙と言われる文化的発展の道を選択することになった。

2　ヒューム，ステュアートの時代と生涯

⑴　ヒューム

　エディンバラ市内で1711年に生まれたヒュームは（David Hume, 1711-76），スコットランド4大学の1つエディンバラ大学で学び，最初は商人を目指してブリストルに赴くが，間もなく渡仏，南仏ラ・フレッシュで哲学を学んだ結果

デイヴィッド・ヒューム

を1735年『人間本性論』として完成し、1739年にそれをロンドンで出版して文筆家としての一歩を踏み出す。彼に一貫する方法は、ベーコン (Francis Bacon, 1561-1626) 以来のイギリス経験論と、懐疑主義と称される認識論を支柱とした「人間学」であった。

アダム・スミス (Adam Smith, 1723-90) がオックスフォードのベイリオル時代に耽読したと言われるこの著作の世評は必ずしも芳しくなかったけれども、その後彼は、『道徳政治論集』(1741年) の出版以来、著作家としての道を模索し続けるが、そのキャリアは順調ではなかった。1744年にはエディンバラ大学倫理学教授のポストを得る機会を逸し、1745年にはアナンデイル侯家の家庭教師に、1746年にはセントクレア将軍のケベック遠征に、1748年にはセントクレア将軍の南欧に随行したりと、重要な公職を歴任し、スミスがグラーズゴウ大学論理学教授に就任した翌1752年、スミスの道徳哲学講座への転任に伴い、ヒュームが後任として論理学を担当する芽もあったが、これも再び潰えることになった。同年『政治論集』の出版に際しては、第1作の商業的失敗に鑑み、エッセイというスタイルを採用して、内外に名声を博することになり、この年からエディンバラ弁護士図書館館長を務めた。エディンバラに腰を落ち着けてからは、1754年『グレイト・ブリテンの歴史』第1巻。

1756年『グレイト・ブリテンの歴史』第2巻。

1759年『イングランド史、テューダー朝』全2巻。

1761年『イングランド史、シーザーからヘンリ7世まで』全2巻を出版し、1762年ジェイムズコートに居住した。

年　　譜	

1711年	エディンバラに生まれる，父ジョゼフ・ヒュームはスコットランド・ボーダーズ地方のナインウェルズの地主・法律家，母はスコットランド高等法院長デイヴィド・ファルコナーの娘。
1723-26年	エディンバラのカレッジで，古典語，論理学，形而上学，数学，倫理学，歴史，自然哲学などを学ぶ。
1734年	躁鬱病からの回復には実務に就くのがよいとブリストルの貿易商に雇われる。
1734-37年	パリを経由ランスに滞在，翌年アンジュー州のラフレーシュに移動，『人間本性論』の原稿を書き上げる。
1739-40年	『人間本性論』第1巻と第2巻をロンドンで匿名出版，第3巻は翌年出版。
1744-45年	エディンバラ大学道徳哲学教授の候補者となる。アナンディル侯爵の家庭教師を頼まれ，セイント・オールバンズ近郊に滞在。
1749-51年	ベリクシャのナインウェルズに戻り『政治論集』を執筆。
1751年	エディンバラに移る。グラーズゴウ大学論理学教授の職を得ようとしたが，当時同大学道徳哲学教授で友人のスミスの助力も及ばず，失敗。
1752年	『政治論集』出版，「私の著作で，初版で成功した唯一のものである。外国でも国内でも評判がよかった」。
1754-62年	『イングランド史』の出版開始。
1763年	七年戦争終結，ハートフォード卿の秘書としてパリに同行，65年書記官，直後に代理大使となる。
1769年	エディンバラに戻り，ニュータウン・セイント・アンドルーズ広場に面する場所に居を定める。友人が，からかって前の通りを「セイント・デイヴィド通り」と名づける。
1776年	『自然宗教についての対話』の死後出版をスミスに託そうとするが，断られる。8月25日癌により死去。

　1763年からはハートフォード卿秘書官としてパリに駐在，1766年帰国に際してルソー（Jean-Jacques Rousseau, 1712-78）の亡命を助け，その後決裂状態となった事件はよく知られている。

　1767年にはコンウェイ将軍が北部相となり，翌年までその次官を務めたが，1769年エディンバラに戻り，開発の始まったエディンバラ市北部のニュータウンに1772年に転居し，1776年の逝去までそこに住んだ。

　スミスが『国富論』の原稿を携えて1773年にロンドンに赴くに際し，ヒュ

第3章　ヒュームとステュアート　　41

```
スコットランド啓蒙
```

　陸続きとはいえ，イングランドとスコットランドは政治的・経済的・文化的にもそれぞ
れの道を歩んでいたが，1707年のイングランドとの合邦によって転機が訪れた。実際に
大変化が日の目を見るには，およそ1世紀もかかったのだが，スコットランドは，イング
ランドの繁栄に参加できるのか，アイルランドのように従属植民地となるのか，スコット
ランドの学者，法曹家，聖職者たちは，これに対する答えを迫られていたが，18世紀半
ばには，ハチスン，スミス，リード，ミラー，ファーガスン，デュガルド・ステュアー
ト，ロバートスン，ケイムズ卿，アンダースン，などが綺羅星のように登場してスコット
ランド啓蒙と称されるようなブームを醸成する。その中にあって一頭ひいでたのがデイヴ
ィッド・ヒュームであった。彼は，道徳哲学，歴史学，政治学といった彼らの主戦場の中
で，1752年に公刊した『政治論集』によって経済学形成に大きな足跡を残した。

ームを遺言執行人に指名したことが知られているが，両人の交友が，1749年
ケイムズ卿 (Henry Home, Lord Kames, 1696-1782) やジェイムズ・オズワルドな
どの紹介により始まったことは注目される。

(2) ステュアート

　ステュアート (James Steuart, 1713-80) は，ヒュームより2年遅れの1713年に
スコットランド法務次官の息子としてエディンバラ近郊のグッドツリーズに生
まれ，エディンバラ大学で学んだ法律を生かし1735年に弁護士資格を得た後，
5年に及ぶ大陸グランドツアーに出かける。友人たちとのこの旅では，ジャコ
バイトと会見，ピレネーを越えてイベリア半島などのブリテンとは異なる経済
環境を見聞して，故国に戻る。

　帰国後の彼は，南仏アビニョンで知遇を得たジャコバイトのエルコ卿の妹フ
ランシスとスコットランド北方ダンロビン城で結婚し，長男に恵まれた。他方
王位奪回を目指すジェイムズ2世 (1633-1701, 在位1685-88) の遺児ジェイムズ・
フランシス・エドワード (James Francis Edward Stuart, 1688-1766) の息子チャ
ールズ (Charles Edward Stuart, 1720-88) が，1745年スコットランド西部に上陸，
ステュアートはスチュアート朝再興の政治交渉のため渡仏する。一時はダービ

年 譜	
1713年	エディンバラ近郊のグッドツリーズで，10月10日に生まれる。
1735-40年	大陸旅行（グランドツアー）。
1745年	ジャコバイトの反乱。
1746-62年	カロデン・ムアの敗北後，大陸亡命。
1755年	フランス・アングレームや，フランダースで『経済の原理』の執筆開始。
1756年	『原理』第1編第2章に，スパで執筆したとの記述あり。
1757-60年	『原理』第3編の執筆。
1763年	七年戦争終結のパリ講和後，スコットランドに隠棲。
1767年	『経済の原理』公刊。
1769年	ロバート・フレイムの筆名で小冊子『ラナーク州の利益』出版。
1771年	公民権回復。
1772年	東インド会社から，ベンガル鋳貨に関する具申を求められる。
1780年	11月26日スコットランドの所領コルトネスに没する。

ーにまで進撃したジャコバイト軍は，ヨーロッパ戦線から戻ったイングランド正規軍の追い上げにより，スコットランド北部カロデン・ムアで大敗を喫し，彼は政治犯として帰国の途を閉ざされることになった。

　赦免の望みを失った後，比較的長期に滞在したフランスのアングレーム，南独テュービンゲンなどで，自らの才を直接政治に生かすよりも，統治者の政務の範となる書物を構想するに至る。

　旧大陸での滞在中彼はしばしば持病の痛風に苦しめられ，各方面に転地し，1760年頃ヴェネチアでレディ・メアリ・モンタギュに対して，後に出版することになる『経済の原理』の一部を提示した。息子が入学したテュービンゲン大学の街は彼にとっても勉学には好都合の環境であったらしく，『原理』執筆には一層の拍車がかかった。

　息子の卒業によりその就職活動のため七戦争の最中1761年一家でオランダに移動する。翌年スパで起こったフランス軍による彼の逮捕も切り抜け，1762年末，彼はロンドンを経由して18年ぶりで故国スコットランドに戻る。その後所領コルトネスの農場経営に携わりながら，1765年秋には『経済の原理』

第3章　ヒュームとステュアート　　43

ステュアート

第4・第5編を完成し，翌1766年これをロンドンの出版社に持ち込み，1767年にはタイトルに英語でポリティカル・エコノミーを付した最初の書物として公刊されることとなった。

『原理』に対する出版界の反響は，学識ある作品とは認められつつも，長期にわたるイングランド不在の所産であるとの烙印を余儀なくされた。

これを意識してか，1769年小冊子『ラナーク州の利益』を，また1772年には『ベンガル鋳貨論』を公刊している。

すでに1771年に彼は特赦により公民権を回復し，1773年親類のアーチボールド・デナムの死亡によって，その名前と地所ウェストシールドを相続した。その後，形而上学にも関心を拡張したが，刊行に至らなかったものもある。彼は1780年11月26日に持病の悪化により逝去し，キャンバスネサンの旧所領の墓地に埋葬されたが，現在その英堂（一族代々の墓所）は荒涼とした有様となっている。1805年息子により全6巻の『著作集』が出された。

スミスに始まるとされる経済学の成立には，ヒューム，ステュアート，そしてスミスというスコットランド同時代人3名が形成する3角形が大きく関わっているが，詳細は次節に譲り，1746年のジャコバイトの敗北でステュアートが大陸に亡命した年に，スミスはオックスフォードからスコットランドに帰国し，学者としての第一歩を踏み出したことを記すのにとどめる。

3　ヒュームの経済思想

『人間本性論』で示した宗教的懐疑論は，文筆家としてのヒュームの生涯を終生規定することになったが，とりわけその第3部徳性論において，所有や政

府がコンヴェンション（慣習）に基づくとして，社会契約説を退けた。

また，『道徳政治論集』では，混合政体のバランスを重視して，名誉革命体制を擁護する立場を示している。

彼は，ヨーロッパ歴訪により各国の貧富の差に注目して，それを『政治論集』に具体化している。それは，富国貧国論争に対する自らの意見としてこの書物の古代人口論に表れている。これは，その書名の通り，政治と経済に関する諸章からなる書物であって，半分が経済を取り扱うが，後続するステュアートやスミスほどのヴォリュームはないものの，商業社会の旧社会に対する優位を分析したものである。

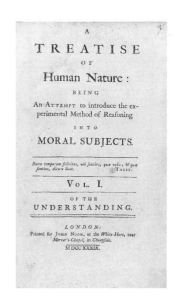

ヒューム『人間本性論』
第1巻タイトルページ

次に，その近代社会論と，貨幣・貿易論を中心に彼の経済思想を見よう。

(1) 近代社会論

当時のヨーロッパ諸国を巻き込んだ人口論争において，エディンバラの牧師ロバート・ウォーレス（Robert Wallace, 1697-1771）は，1750年頃，古代ギリシャ・ローマ社会と近代社会との比較を行い，近代のヨーロッパにおける人口減少を指摘し，その原因は土地の不平等な分割と商工業の拡大によるとした。

ヒュームは，一方で古代人口に関する「事実」を「古代人口論」で推定しつつ，さらに人口の原理までさかのぼり，ウォーレスに理論的な批判を加えた。彼は，未開社会から文明社会への人類の発展において，農業から工業の分離に着目し，農業生産力の発達が工業人口の扶養を可能とすると見なし，この生産力の基礎が，古代の強制労働であった「レイバー」とは区別される「インダストリ」にあったとする。農業と工業との社会的分業の展開が，相互に自由に処

分できる社会的剰余を増大させ，それが社会の経済的発達に寄与するのだと認識するのである。

　ウォーレスの後ろ向きの改革案に対して，「インダストリ」を基礎にした近代社会は，外国貿易を展開しつつも，それに依存しない自立的な国民経済を成長させると展望したのである。

(2)　貨幣・貿易論

　以上のようなヒュームの近代社会論が，後続する2人に引き継がれる論点であるのに対して，もう1つ，むしろ両者が異なる継承の仕方を展開した，貨幣貿易論が存在する。

　まず，貨幣中立論とも称される議論は，貨幣はそれ自体富ではなく，商品の交換比率を表示するものでしかなく，その増減は物価には影響を与えるものの，経済過程には少しも実質的影響を持たないとする貨幣数量説であって，貿易差額を重視する重商主義の立場を退けるものである。

　こうした論調に対して，彼は，貨幣数量説とは一見相容れない議論を展開する。それはアメリカからの貴金属流入が，物価騰貴のみならず，「インダストリ」にも大きな刺激を与えたとし，新たな貨幣が外国からもたらされても，賃金騰貴は各個人の勤勉を刺激し，産出量を増加させ，直ちに物価を騰貴するには至らないとする。そして，優れた為政者の政策は，できることなら，貨幣量を絶えず増大させるようにしておくだけである，とまで主張する。これは連続的影響説と評される部分である。彼はこの2種類の貨幣・貿易論の矛盾を意識しないかに見えるが，基本的には，「インダストリ」を基軸にした商品経済の展開を前向きに把握しており，ステュアート，スミスは，それを土俵にして，それぞれの経済学体系を構築したのである。

4　ステュアートの経済思想

　イングランドとスコットランドとの経済格差の認識と，グランドツアー以来の大陸諸国の経済状態への認識を基に，国民経済形成の理論体系として構想さ

> **最初の経済学者？**
>
> 　経済学の建設者は誰か？　日本では中学生でもアダム・スミスと答える。しかし，スミスの10年前に生まれた人物が，『国富論』より9年前に，ロンドンの書店からそれと同じ位のヴォリュームの書物のタイトルに「ポリティカル・エコノミー」との用語を付して，デビューしたと聞けば，どうだろうか？　実際ステュアートは，未だ経済学の専門家の少ない状況にあって，『エンサイクロペディア・ブリタニカ』(1771年) の経済項目はほとんどステュアートからの引用であった。当時の大企業東インド会社やイングランド政府の諮問を受け，鋳貨の混乱などに意見を具申したが，スミス『国富論』公刊後急速に忘れられた存在となり，彼にようやく注目の目が注がれるのは，19世紀のマルクスを例外とすれば，ケインズ経済学の隆盛の後，20世紀も後半になってからであった。

れたものが，ステュアートの経済学である。

　20年以上にわたる彼の旧大陸体験と，七年戦争という国際対立との中で構想され，スミスの『国富論』出現の9年前に出版された最初の経済学を理解するためには，その構成に注目する必要がある。

　スミスにあっては，その後の古典派経済学の原型となる，抽象的なものから具体的な範疇へと上向法が採用されていると評される。ステュアートの場合，商品経済に先行する自給的モデルから，農工分離の結果，商品生産社会に至る歴史的過程を発生史的に構成したと考えられるが，結果として成立した商品経済それ自身も，不安定な国内的国際的な諸条件を持つものであることを反映した構成となっている。

　ステュアートの『経済の原理』についてはその対象であった農工分離プロセスを，原始的蓄積過程と解し，その段階からの脱却の結果がスミスの『国富論』であるとする，または，『原理』の到達点は『国富論』の出発点であるとする，段階的な理解がある。

　それと同時に，『原理』が商業社会形成の諸問題を越えて，商業社会の具体的諸相を論ずる段，つまり，商業の3つの段階，初期商業，外国貿易，内国商業を考察するに至ると，外国貿易を喪失し，再びその回復を待つ社会における国内需要創造とその調整が詳細に論じられ，段階的理解よりも，『原理』が成

第3章　ヒュームとステュアート　　47

熟した商業社会の理論であることが示される。『原理』は、「近代社会」に関する新たな学問を、明確な意識を持って構想した「ブルジョア経済学の最初の総体系」と評価される書物なのである。

経済学の歴史を直線的進歩の過程と解する立場は、経済それ自体をどう見るのか、それに対して構築されるこの学問とは何かと問う立場に挑戦を受けていると言わねばならない。

以下、ヒュームとの比較で『原理』の骨格を説明する。

(1) 近代社会論

ステュアートは、ヒュームによる近代以前の「レイバー」と自由な労働「インダストリ」の区別は継承して、農工分離過程を、「ファーマー」と「フリーハンズ」からなるモデルによって把握する。農業に従事する「ファーマー」に対して、「フリーハンズ」は、非農業＝工業従事者を意味すると同時に、労働から自由な存在、つまり非生産者＝地主階級を意味する。ただし、先進国を追い上げる旧大陸諸国の経験から、商品交換の初期段階において、農業剰余に対する工業品の登場が確実でない場合、翌年には農業生産が縮小し、両部門が低位均衡する場合も想定される。この場合には等価物の不足のため、農業生産が停滞する。これを、彼は単なる「自然的不能」とは区別して、人口増加の「社会的不能」と呼んでいる。

この問題は、貨幣の導入とともに一転して、「フリーハンズ」の一部を構成する富者＝地主の貨幣が、社会の循環を媒介するとされる。為政者が貨幣を慎重に導入して、生産物に対する需要を保つことができれば、均衡は絶えず回復して、人口は土地が養える極限まで増大する。そして、為政者にはヒューム以上の役割が期待されているのである。

さらにウォーレスの主張する、生存の直接的手段としての自給的農業を退け、既存人口にとって有用な、つまり社会的分業の一翼を担う「トレードとしての農業」が想定されている。

さらに、ヒューム批判の側面を見よう。

(2) ヒューム貨幣・貿易論批判

前項，近代社会論でヒュームを発展的に継承したステュアートは，モンテスキュー（Charles-Louis de Montesquieu, 1689-1755）やヒュームの貨幣学説を「これらの観念ほどうるわしいものはない」と賛辞を送り，それらを3つの命題に整理する。

(a) 価格は国内存在貨幣量に比例する。紙幣も含めた貨幣の増大は，価格に影響を及ぼす。

ステュアート家の英堂 エディンバラ・キャノンゲイト教会を筆頭に，スミス縁(ゆかり)の場所は少なくないが，ステュアートの場合は故地キャンバネスサンの中心から離れたクライド川近くに荒廃した一族の英堂が残るだけである。

(b) 一国の鋳貨および通貨は，その国のすべての労働と商品を代表するから，この代表者の多寡に比例して，商品のより大きなまたは小さな量が，その同一量に対応する。その帰結は，

(c) 商品を増加させれば，低廉になり，貨幣を増加させれば，商品の価値は上昇する。

これはいわゆる貨幣数量説である。

この学説に対して，彼は次のように主張する。価格を決定するのは，国内存在貨幣量ではなく，有効需要として現れるその流通量であって，流通貨幣量に対応するものは商品の固定量ではない。「トレード」における有効需要は，産出量を増加させるからである。

つまりこれはヒュームにも存在した連続的影響説の顕在化と見なせる。

さらに，ヒュームに存在した，国際間での正貨の自動調整論も拒否される。

貨幣は，単なる価格の表示にすぎないものではなく，等価物であって，その急激な流出は，「トレード」と「インダストリ」を破壊し，輸出の促進とはなっても，国内消費の低下を伴う飢餓輸出となる。逆の場合でも，効果的政策があれば，高価格を生むとは限らない。

第3章 ヒュームとステュアート　49

要するに，順差額による貴金属流入は，「インダストリ」の発展にとって望ましいものなのである。

　彼にとって重要なのは，「インダストリ」の発展であり，それを牽引する外国貿易のためなら，賃金ないし勤労者の所得は抑制される必要すらあると考えた。

5　ヒューム，ステュアートとスミス

　ヒュームが近代社会の展開の中から抽出した，貨幣を媒介とした商品経済には，販売と購買の分離による過程の円滑化が含まれると同時に，販売＝実現の困難，さらに貨幣の退蔵による経済の停滞がはらまれている。『国富論』の準備中であったスミスは，友人W．パルトニに「ジェイムズ・ステュアート卿の本のことについては，私の意見はあなたと同じです。そこに見られる誤った原理については，すべて拙著の中で明白かつ疑問の余地なく反駁されることになると，自負しております」(1772年9月3日)との書簡を残している。ここで言われたように「疑問の余地なく」反論されつくしたのか，それとも両者がスレ違いを残したまま，古典派を筆頭とした19世紀の経済学の制度化を迎えたのであろうか。

参考文献

小林昇『経済学の形成時代』未来社，1965年。

──『最初の経済学体系』名古屋大学出版会，1994年。

大森郁夫『ステュアートとスミス──「巧妙な手」と「見えざる手」の経済理論
　　──』MINERVA人文・社会科学叢書，1996年。

竹本洋『経済学体系の創成──ジェイムズ・ステュアート研究──』名古屋大学
　　出版会，1995年。

ヒューム『道徳・政治・文学論集［完訳版］』田中敏弘訳，名古屋大学出版会，
　　2011年。

ステュアート『経済の原理』小林昇監訳，名古屋大学出版会，1993，1998年。

ラース・マグヌソン『重商主義』熊谷次郎・大倉正雄訳，知泉書館，2009年。

［章末問題］
(1)　経済学の成立にスコットランドが果たした役割について，簡潔に記しなさい。

(2)　商業社会とインダストリという用語を使って，経済社会形成に対するヒュームとステュアートの相違を説明しなさい。

(3)　ステュアートの『原理』の目次は，人口と農業，交易と勤労，貨幣と鋳貨，信用と負債，租税という構成になっている。これをアダム・スミスの『国富論』の構成とを比較し，2つの経済学の相違を考察しなさい。

第4章 アダム・スミス

1 スミスの生涯

　アダム・スミス (Adam Smith, 1723-90) は1723年6月のおそらく5日，スコットランドの東海岸のカーコーディというリネン産業が活発な港町に生まれる。スミスの父親で同じ名前のアダムはカーコーディの関税監督官だったが，スミスが生まれる半年前に亡くなっており，スミスは母親マーガレットの手によって育てられることになった。

　当時のスコットランドは経済的にやや遅れた地域だったが，1707年のイングランドとの合邦を通して，それまでの停滞した状況をようやく脱しようというところであった。他方で文芸活動はヨーロッパ屈指の先進地域として有名で，スコットランドの各大学（エディンバラ，グラーズゴウ，アバディーン，セント・アンドルーズ）は，いずれも「スコットランド啓蒙」を担う知識人の養成機関として知られることになる。

　この豊かな知的環境の中，スミスは1737年に14歳でグラーズゴウ大学に進学し，「道徳哲学」の教授であったハチスン (Francis Hutcheson, 1694-1746) から多大な影響を授けられた。1740年にはスネル基金の奨学生としてオックスフォード大学のベイリオル・カレッジに6年間留学することになるが，そこでは教育として授けられたものはほとんどなかった。スミスによると，「オックスフォード大学では，大学教授の大部分は，このところ多年にわたって，教えるふりをすることさえまったくやめて」（スミス『国富論(4)』17ページ）おり，講義は週に2回開かれるにすぎなかった。

　スコットランド帰国後，1748年から1751年にかけて「エディンバラ公開講

53

	年　　譜
1723年	スコットランドのカーコーディで生まれる。洗礼日は6月5日。関税監督官の父親はすでに亡くなり，母親に育てられる。
1737年	グラーズゴウ大学に進学，「道徳哲学」を学ぶ。
1740年	オックスフォード大学ベイリオル・カレッジへ留学する（46年まで）。
1748年～	ケイムズ卿の企画で「エディンバラ公開講義」（修辞学・哲学史・法学）を行う。
1751年	グラーズゴウ大学の「論理学」教授に就任，翌年「道徳哲学」教授に就任。 デイヴィッド・ヒュームとの親交を始める。
1759年	『道徳感情論』出版（1790年まで6回改訂）。
1764年	バックルー候とともにフランス旅行に出発。大学に辞表を提出。
1776年	『国富論』出版（1789年の第5版まで改訂）。8月ヒューム死去。
1778年	スコットランド税関委員に任命される。
1790年	7月17日，「長引く苦痛に満ちた」病によって死去。

義」という形で，「修辞学」「哲学史」「法学」について講義を行ったと言われているが，このエディンバラ公開講義について詳しいことはほとんど分かっていない。企画したのがヘンリー・ヒューム（ケイムズ卿）とオズワルドともう1人ということくらいで，場所も分からず，広告も残っていない。

　ところがこのエディンバラ公開講義が大変な好評を博したことから，スミスは1751年に母校グラーズゴウ大学の「論理学」教授に就任する。さらに翌年にはかつてハチスンが務めていた「道徳哲学」教授に就く。そしてこの頃生涯の友となるデイヴィッド・ヒュームとの親交が始まった。

　1759年にスミスは最初の著作である『道徳感情論』を出版するが，この本は社会秩序を確かなものにする正義の原理を，人間本性の様々な感情の作用によって生じる同感に求めるというものであった。なお『道徳感情論』はその後1790年の第6版まで改訂されることになる。

　『道徳感情論』の成功によって哲学者としての評判を得たスミスは，ブリテンの政治家チャールズ・タウンゼンドの要請により，その妻の連れ子であるバックルー公の家庭教師を務めることになった。それにより彼は公爵の付き添い

として初めて大陸旅行（1764-66年）に出かけ，その旅でフランスの啓蒙知識人，特にケネーやチュルゴー（Anne-Robert-Jacques Turgot, 1727-81）ら「フィジオクラシー」のエコノミストたちと交流を結ぶようになる。この経験は彼の経済思想を築き上げる上で大きな財産となった。帰国後スミスは，故郷のカーコーディで自らの経済学体系の完成に専念し，アメリカ独立宣言の4カ月前，1776年3月9日に『国富論』（第5版まで改訂）を出版する。

その後はスコットランド税関委員に任命され，その職務に勤しむかたわら，これまで手がけた2つの著作の改訂に励むことになる。さらに文芸史と自然法学に関する著作をまとめ上げようと考えていたが，それが実現することはなかった。

1790年，死期を悟ったスミスは，2人の友人に自分の講義録と手稿類を完全に処分するように依頼する。そして彼はすべてが破棄された報告を聞いた2週間後の7月17日に「長引く苦痛に満ちた病」によってこの世を去った。

アダム・スミス これはスミスの代表的な肖像画である。生前彼は画家の前に立つのを好まず，同時代のものとしてはタッシーのメダイヨン2点が有名で，教科書などで知られる肖像画は後世に描かれたものである。

2 『道徳感情論』

(1) 公平な観察者

すべての社会は程度の差こそあれ，秩序というものが存在する。秩序づけられる社会において，人々は法をつくり，安全で安心な生活を営む。では社会に秩序をもたらすものは何だろうか。人を秩序形成の主体と考えた場合，人は何を根拠に秩序をつくり，法を制定するのか。

ホッブズやロックのような社会契約論者なら，人間は理性という先見的な能

第4章　アダム・スミス　55

力によって，自らの力で自然法の理を理解し，秩序を備えた政治共同体を築き上げると言うだろう。それに対してスミスは『道徳感情論』の中で，社会秩序を基礎づけるものは，人々の「感情」から形成される道徳原理であると述べる。

　一般にスミスは利己的な人間像を基に経済原理を組み立てた思想家として評されることが多い。ところが『道徳感情論』を含めた，彼の思想全体を眺めてみると，その評価には留保が必要である。『道徳感情論』は冒頭で次のように宣言する。

　　人間というものをどれほど利己的と見なすとしても，なおその生まれ持った性質の中には他の人のことを心に懸けずにはいられない何らかの働きがあり，他人の幸福を目にする快さ以外に何も得るものがなくとも，その人たちの幸福を自分にとってなくてはならないと感じさせる。(スミス『道徳感情論』57ページ)

つまりスミスは，人間とは利己的なだけでなく，自分に利害がなくても他人の境遇に関心を持ち，それによって何がしかの感情を引き起こす存在だと考える思想家であった。

　スミスによると人々が持つ様々な諸感情は，自分の判断や行動の正しさを評価するための根拠となる。すなわち人は他人の感情や行為を見て自分のものと比較し，一致する場合にはその感情や行為を適切なものとして是認する。反対にそれらが自分の感情や行為と大きく隔たっている場合には，その感情や行為を不適切なものとして否認する。こうした他人の感情や行為の適切さを判断する心の動きを，スミスは「同感」と呼んだ。

　同感による感情の働きによって，人は出来事に対する判断を日々下し，経験を重ねていくが，反対に自分の行為が，他人にどのように判断されるかも考えるようになる。もし自分の判断や行為が他人の感情と一致するなら是認されるが，一致しないなら否認されるだろうと。

　こうした感情の働きを繰り返していく中で，人は何をするにしても，常に想像上の他人のまなざしを意識せざるをえなくなるし，その評価を踏まえた上で

判断し，行為するようになる。ただしこの場合，想像される他人とは自分のことを気にかけてくれる近親者や友人でなく，あくまでも冷静に自分の判断を評価してくれる利害関係のない「公平な観察者」(impartial spectator)でなければならない。公平な観察者を胸中に抱え込むことで，彼から見て，是認できるような判断や行為は進めようとするし，反対に否認されるようなものは差し控えようとする。

(2)　行動原則の形成

しかしながら「激しい情念」が自己を襲うと，公平な観察者によるまなざしを参照し，冷静に行動することは非常に難しくなる。また行動した後でさえ，自分たちがその行動に

『道徳感情論』タイトルページ

ついて公平無私な判断ができるかというと，いささか疑問である。一般に後悔を生じさせるような行動を取った場合，「私たちはそのように不愉快な観点から見ようとはせず，愚かしくも気弱に，行動を誤らせた不当な情念を改めてかき立てようとすることが多い」(同，351ページ)。スミスによるとこうした振る舞いは，人間が抱える「致命的な弱点」であった。

とはいえ「公平な観察者」による行為の妥当性の判断の積み重ねが，知らず知らずのうちに，何をすることが適切で，何をすべきでないかについての「行動の原則」を築き上げる。様々な経験から行動の原則が形成されると，「燃え上がる情念に歯止めをかけ，その状況ではどう行動すべきかについて，利己心が命じる偏った見方を正すよう導いてくれる」(同，356ページ)。

このようにスミスにとって社会秩序を導くものは，自然法による一方的な道徳的命令ではなく，人々の諸感情の作用から経験的に見出される行動の原則であった。そしてこの行動の原則こそ人々の利己心を抑制するものであり，そこからスミス思想を利己心の際限ない解放とのみ理解することの不十分さが明ら

かにされる。

3 『国富論』(1)──全体的見取り図

スミスは『国富論』の冒頭で，著書の目的と全体的な見取り図を描く。

　すべての国民の年々の労働は，その国民が消費するすべての生活の必需品 (necessaries) や便益品 (conveniences) を本来その国民に供給する原資 (fund) であって，そうした必需品や便益品は常にその労働の直接の生産物であるか，あるいはその生産物で他の諸国民から購入されるものである。／したがってこの生産物と，またはこの生産物で購入されるものと，それを消費するはずの人々との数との割合が大きいか小さいかに応じて，その国民が必要とするすべての必需品および便益品が十分に供給されていると言えるかどうかが決まる。／この割合は，どの国民にあっても2つの異なる事情によって規定される。すなわち第1にはその国民の労働が一般に使用される際の熟練，技量，および判断力によって，そして第2には，有用な労働に従事する人々の数と，そうでない人びととの数との割合によって規定される。(スミス『国富論(1)』19ページ)

初めに明らかにされるのは「富の源泉」である。スミスは必需品と便益品という物質的な富を取り上げ，その富を生み出す原資を「労働」に求めている。また国民が消費する必需品と便益品は，国内で生産されたものだけでなく，貿易によって手に入れたものも含んでいる。第2段落では国民の豊かさが，消費人口で割った必需品と便益品の総量で決まるということが表されている。そのため国民の豊かさを左右するのは，財を生み出す労働生産性，そして「生産的労働」の雇用と「不生産的労働」の雇用の割合だとされる。つまり分母 (消費人口) が一定だとすれば，分子 (物質的な消費財) をどれだけ大きくしていくかということが，スミスにとって検討すべき課題であることがうかがえる。

　ちなみに「生産的労働」とは必需品と便益品の生産に直接従事する労働 (農

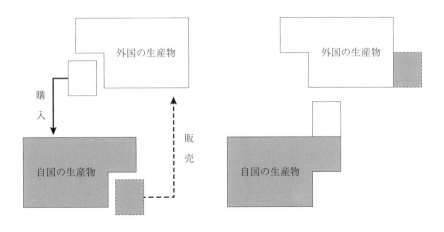

『国富論』における富の定義

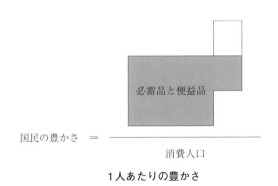

1人あたりの豊かさ

業・工業労働など）であり，「不生産的労働」とはそれらの生産に直接従事しない労働（サービス業・芸能・教育・政治・行政・軍務など）である。要するに国民の豊かさを増進するためには，物質的な生産物をつくり出す労働の生産性とそこに関わる働き手の割合を高めることが必要だとされる。

　次にスミスは『国富論』全5編の内容を概観する。第1編では労働生産性を上げるためにどうしても必要になる「分業」について詳しく論じられる。第2編では生産性にも大きく関わってくる資本の性質，蓄積，そして用いられ方に

第4章　アダム・スミス　59

ついて考察される。第3編ではローマ帝国以来のヨーロッパにおける経済政策が，いかに本来あるべき資本投下の原理と異なるように行われてきたかについて歴史的に検証される。第4編ではこれまでの「間違った」経済学の諸体系を取り上げ，その「富」についての考え方から導出される経済政策が「自然的秩序」を歪めると批判する。第5編では「自然的自由の体制」に適した国家の役割についての考察が進められる。

4 『国富論』(2)——社会を繁栄させるための基礎理論

(1) 分業について

スミスは「分業」が社会の豊かさを高める上でいかに有用かを説明するために，「ピン工場」の例を取り上げ，ピン製造という非常に素朴な生産過程においてさえ，どれほど多様な専門的業務が内在しているかに注意を促す。

> 1人は針金を引き伸ばし，別の1人はそれをまっすぐにし，3人目はそれを切断し，4人目はそれをとがらせ，5人目は頭をつけるためにその先端を削る。頭を造るには2つまたは3つの別々の作業が必要であり，頭をつけるのも独自の仕事であるし，ピンを白く磨くのも別の仕事である。ピンを紙に包むことさえ，それだけで1つの職業なのである。(同，25ページ)

数多くの作業工程を職人が1人だけでやり切ろうとしても，おそらく1日1本のピンをつくることもできない。ところが10人で分業することによって，1日でトータル4万8000本，1人あたり4800本のピンをつくることができる。スミスによると，分業が労働生産性を高める理由は3つある。まず1人の労働者が同じ作業を長時間繰り返すことで，通常よりも技能の水準が高くなる。次に1人で1つの作業に特化した場合，他の作業へ移動する無駄な時間を節約できる。そして作業を分割することで，1つひとつの作業が簡素になり，機械技術が導入される可能性が高まる。

これは同一作業場内での分業であるが，さらに社会全体における分業という

ものも存在する。発達した社会において，普通ひとは自分1人ですべての生活必需品を手に入れようとするのではなく，社会の他の人々が営むそれぞれの専門的な仕事から恩恵を享受する。もちろんそれぞれの役割を分割して行った方が，結果的に社会全体の生産性をより高めてくれる。ではなぜ人々はこのような社会的分業に着手しようと考えたのか。人々が社会的分業関係に身を投じるのは，社会成員による意識的な知恵でもなければ，他人に対する慈愛心のためでもなく，人間本性の中にある「交換性向」のためであった。そして交換性向が引き起こす分業によって交換の場としての「市場」が成立することになる。

こうした場は「自分自身の労働の生産物のうち自分の消費し切れない部分をすべて，他人の労働の生産物のうち自分の必要とするような部分と，確実に交換することができる」(同，40ページ) という互恵的関係を確信することによって成り立つ場であり，いわば各人が商人として活動する「商業社会」と呼ばれる。

(2) 価値について

スミスによると社会は，その成立当初，物々交換の空間であった。ところがお互いに欲しいものを持つ交換相手を見つけることは容易なことではない。この不便を解消するために発見されたのが「共通の用具」である。共通の用具は土地や時代によって様々な形態 (家畜，塩，貝殻，鱈など) を取ってきたが，その後，耐久性を持ち，分割可能で，溶解し再結合しやすく，さらに希少な「金属」(貨幣) が商業の共通の用具として使われるようになった。

こうして貨幣はすべての文明国で商品交換のために使用されることになるが，次にスミスは交換の場を支配する決まり事，すなわち「人が品物を貨幣と，あるいは品物同士で交換する時に，自然に守る法則」(同，60ページ) について明らかにしようという。

スミスによると徹底的に分業が行われている社会とは，各人にとって必要な生産物の大部分が他人の労働の生産によって満たされる社会である。だから自分が豊かであるかどうかを感じるのは，たくさんの必需品や便益品などの生産物を持つことであるが，それは言い換えると，自分が支配 (購買) できる生産

に要した他人の労働の量に比例すると言える。

だから富を所有してそれを使い切るのではなく，他の商品と交換しようとする人々にとって富の価値は，「彼らが購買または支配しうる労働の量に正確に等しい」(同，64ページ) ことになる。つまり「すべての商品の交換価値の真の尺度」となりうるのは「労働」(同，63ページ) ということである (支配労働価値説)。

とはいえある交換価値を評価するのに，それによって購買できる労働量をイメージするより，普通は他の商品の量をイメージする方が分かりやすいし，実際そのようになされてきた。また物々交換から貨幣を介した交換が行われるようになると，貨幣の量によって交換価値を評価するようになる。

同時にスミスはあらゆるモノの実質価格は，「それを獲得する上での労苦と手数である」(同，63ページ) と言うことで，ある財を生産するのに投入された労働量によって，モノの実質価値が測られるとも考えた (投下労働価値説)。

すべての労働生産物が，そのつくり手の所有になる初期未開の社会においては，生産のために投入された労働量と，その商品が購買できる他の商品の労働量とは同じであった。ところが資本が特定の人々に集められ，土地が私有財産になると，労働者が生み出した生産物の一部は労働者の「賃金」だけでなく，「利潤」および「地代」として資本家や地主に分け与えねばならなくなる。そうすると商品の生産に用いられた労働量が，その商品が購買できる労働量を決定する唯一の事情ではなくなってしまう。

(3) 価格について

スミスによると商品の価格には「市場価格」と「自然価格」がある。「市場価格」は交換の場において需要と供給が一致するところで決まる価格である。他方で「自然価格」とは，ある社会の富裕／貧困，発展／停滞といった一般的な事情によって決まる「賃金・利潤・地代」の「自然率」を基に構成される価格である。

そのためある商品の市場価格が自然価格を上回れば，その商品を生産する部門は他の生産部門よりも報酬率がよいと考えられ，労働・資本・土地のサービ

スが一層振り向けられて生産活動が活発になる。その状況がしばらく続くと、この商品の供給量は増大し、市場価格は自然価格と一致するところまで低下する。

反対にある商品の市場価格が自然価格を下回れば、この商品を生産する部門は報酬率が悪いということになり、労働・資本・土地のサービスは自然率を下回る商品生産部門にとどまり続けるよりも、他の部門に移っていくことになる。その結果この商品の供給量は減少し、市場価格は自然価格と一致するところまで高くなる。

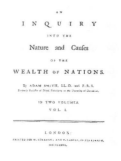

スミス『国富論』タイトルページ

このようにスミスは長期的には、あらゆる商品の市場価格は自然価格に一致する傾向(市場メカニズム)を持つということを明らかにした。そのため継続的に供給不足をつくり出す「独占」と、報酬率の高い部門への容易な参入を妨げる「排他的特権」(同業組合規約・徒弟条例など)は、市場価格を自然価格より高く釣り上げ、健全な市場価格の動きを歪めると批判される。

なぜ市場メカニズムを歪めることが不健全かと言うと、市場価格が自然価格と一致するところまで上がったり下がったりする機能が働かなくなるからだ。自然価格はそれより低い価格ではこの商品を誰も提供しようとしない価格のことなので、買い手にとっては購入可能な最も低い価格である。つまり独占や排他的特権などの規制は、市場メカニズムが持つ最も低い価格へ収斂しようする働きを妨害するものであった。

(4) 資本蓄積の進展

スミスによると「資本蓄積」という過程も、社会の豊かさに大いに関わる。分業は労働の生産性に大きく寄与すると指摘したが、資本が蓄積されていなければ、分業するための道具や機械や環境整備にお金を使うことができない。その意味で資本の蓄積は「分業に先立っていなければならない」(『国富論(2)』16ページ)。

第4章 アダム・スミス 63

資本蓄積の問題を考える前提として，スミスは文明社会を構成する3つの階級について言及する。フィジオクラシーでも階級分類は行われたが，スミスのものはそれと少し異なる。スミスによると文明社会は地主・資本家・労働者の3階級によって構成される。地主は土地を所有する階級である。資本家は資本を所有する階級である。ちなみに資本は形や持ち主を変えていくことで利潤をもたらす「流動資本」と，一旦購入された後は形や持ち主を変えないで利潤をもたらす「固定資本」に分類される（同，20ページ）。前者は生産のための原材料や労働者を維持するための食料であり，後者は機械・道具や建築物などである。そしてそれらを所有し，その所得として利潤を手にするのが資本家である。そして労働者は自分の労働以外何も所有しない階級である。

　生産は土地・資本・労働を用いて行われるが，生産を組織するのは資本家である。まず資本家は地主から土地を借り，その賃貸料として地代を払う。また資本家は労働者から労働力を購入し，その対価として賃金を払う。そして資本家自身は利潤を手に入れる。

　スミスは生産的労働者の不生産的労働者に対する割合が高まれば，それだけ社会全体の豊かさも増えるということを前提にしているので，資本家がどのように資本を振り分け，手に入れた利潤を活用するかで，社会の発展度合いも影響されると考えた。

⑸　資本の蓄積過程

　スミスによると生産的労働とは製造工や農民の労働のように，販売できる商品を生み出す労働である。これは労働が終了しても，商品という形で残っているのだから，必要に応じて最初に投入された量の労働を活動させることができる。それに対して非生産的労働は使用人に代表されるような労働（「サービス業」）で，労働が終了しても，販売できる商品は何も残っておらず，後々最初に投入した労働を引き出そうにも，引き出すことができない。

　もちろん生産的労働者であろうと，非生産的労働者であろうと，彼らが住む国の生産物によって生存を維持している。ならば「大地に自生する生産物を別とすれば，年々の全生産物は生産的労働の成果」なので，生産的労働の人手を

養うのに使う割合が高い方が，より多くの生産物，つまり資本の観点からすれば，より多くの利潤を手に入れることができるはずである。

　では資本はどのように振り分ければ，より多く蓄積されていくのだろう。資本家はある年の初めに流動資本，つまり賃金を払って生産的労働者を雇い，生産活動を開始する。生み出された生産物はすべて資本家のものであるが，その一部は最初に使われた流動資本の回収分だと見なされて，次期の資本として保存される。生み出された生産物のうち，流動資本の回収分を超えた部分は剰余と見なされて，一部は税として政府に納められるが，残りは貯蓄されるか消費される。また消費の部分は生活を営むために必要な消費の部分と，「何も後に残さない無為な客人や家事使用人」（同，122-123ページ）の消費のために使われる。貯蓄された部分は資本の回収分と合わさって，来期の生産活動の原資として繰り越される。貯蓄部分も来期には消費されることになるのだが，生産的労働者のために消費される点が異なる。「消費されることに変わりはないが，消費者が違う」（同，123ページ）。こうして毎回，少しずつ資本が蓄積され，生産的労働への雇用と生産量が拡大していく。

　この資本の蓄積過程を前提にすると，資本家が生産によってもたらされた剰余部分を貯蓄すればするほど，またその額が多ければ多いほど，次期に回される資本は多くなり，社会全体の成長は早くなることが分かる。

　では貯蓄を増やすにはどうすればよいか。1つは消費における不生産的労働への支出を減らし貯蓄に回すこと。もう1つは税の負担が少なくなれば，それだけ貯蓄へ回される部分が大きくなる。前者について言うと，たとえ資本家によって不生産的労働者が雇用されなくなっても，相応の生産的労働への雇用が生まれるはずであるから問題ないと考えられる。また後者について言うと，税が使われていたのは公務員や軍人（不生産的労働者）の雇用であるのだから，同じく彼らが雇用されなくなったとしても，それに等しい生産的労働の雇用が生まれるはずである。ただし資本蓄積を阻害するこれらの要因として，より深刻なのは税の方であった。なぜなら税を管理する政府は，その管理に失敗しても自分が破産するわけではないので，節約しようという誘因に乏しく，無駄な支出を増やしかねないからである。

第4章　アダム・スミス　　65

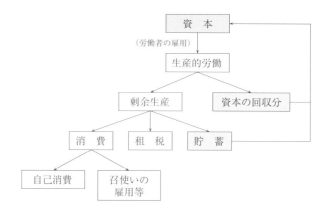

生産財の消費と資本蓄積

(6) 投資の自然な順序

　スミスは通時的に見ても，投資にはしかるべき順番があるという。彼によると「物事の自然のなりゆき」(同，189ページ)によれば，すべての発展しつつある国における投資の順番は，「農業−製造業−外国貿易」の順番であるという。なぜなら人間が生きる上で最も必要なものは食料であり，食料を提供するのは農村である。また町の産業である製造業などは，便益品や奢侈品を生産するが，食料に比べると優先度は低い。そのため農村で耕作者の生活を支える以上の収穫があった場合に初めて，その余剰部分は町の産業に向けられる。さらに言えば，外国貿易は主に奢侈品を取引するので，さらに優先順位は下がる。

　また投資の安全性という面でも，この順序は適切である。農業に投資される資本は，常に投資家の目の届く範囲にある。ところが遠方で行われる外国貿易は，投資家の目が届かないどころか，他国の制度や待遇，また自然環境に大きく左右される。そのため投資の優先順位は下がらざるをえない。他方で製造業は外国貿易ほどリスクがあるわけではないが，それでも農業への投資ほども投資家の目は届かない。

　さらにスミスは人間感情に関わる理由として，農村の美しさや田園生活の楽しさがもたらす心の安らぎが，土地を耕作することへの「偏愛」を抱き続けさ

スミスとリスト

　アダム・スミスが諸国民間の自由貿易を推奨したことは知られているが，フリードリヒ・リスト(Friedrich List, 1789-1846)は「後進国」ドイツの立場から，スミスのこの考えを経済先進国の優位性を維持するためのイデオロギーだと批判する。

　スミスは商業社会における階級間の分配について歴史な動向を検討するために，社会の発展段階を「狩猟・牧畜・農業・商業」の4つに整理した。それに対しリストは諸国民の主要な発展段階を5段階に整理し，スミスの農業段階に継続する状態を「農工業」と「農工商業」に分割して理解する。リストは国民ごとに産業の発展度合いは違うのだから，後発国では農業から農工業へ，また農工業から農工商業への移行において国内産業育成のための保護貿易政策が取られねばならないと唱える。

　とはいえリストの産業保護政策は，あくまで経済先進国に追いつくために後発国の立場を擁護したものであり，いずれ強力な工業力を備えた「正常な国民」に育ったあかつきには，先進国間で自由競争を行うことが望ましいとも考えていた。

せるという。この点からも農業への投資が優先させていくはずであった。

5　『国富論』⑶——経済発展の流れ

⑴　現実の投資の順序とその原因

　スミスによると「物事の自然の順序」に従えば，「農業-製造業-外国貿易」の順番で投資が行われるべきであった。ところがヨーロッパの多くの国々では，この順番は完全に転倒されてきたという。その結果，外国貿易や遠隔地向けの製造業に対して，非常に大きな割合の資本と労働が投入されることになる。また各国で対外貿易が強調されたため，他国製品との競争が国際市場で激しく行われることになった。

　では不自然で逆行的な順序で投資が行われたのはなぜか。スミスはローマ帝国没落後の「農業の阻害」，「都市の発達」，「商業活動による農村の改良」という主題を取り上げる。

　スミスによると農業の阻害は，土地の分割を制限する長子相続制や限嗣相続

制による大領主制によって引き起こされたという。大領主たちは広大な領土を
守ることに手一杯で，土地の耕作や改良をしようと考える余裕はなかった。た
とえ環境が落ち着いてきたとしても，今度は自分の身の回りの装飾には気を配
るが，生産性を上げるための農地改良には思い及ばなかった。それでは領主か
ら土地を借受けて耕作する借地人はどうかというと，時代を経るにつれてその
身分は改善されていくが，それでも土地所有者よりは劣った地位にあると見な
され，そのことが農業への投資を妨げてきたとされる。

　では都市の住民生活はどうであったかというと，決して恵まれたものではな
いが，農村より早く個人の自由と安全が確立された。そのような都市では遠隔
地向けの製造業が起こり始める。その原因は，外国から輸入された「精巧で改
良された製造品」への需要が高まることで，それを輸入するよりも国内で製造
した方が運送費の節約になると考えた商人たちの存在であった。他方で，特に
肥沃な内陸地方に特徴的であるが，もともと素朴な家内工業が次第に洗練され，
自然に成長していくこともあった。この場合土地の余剰生産物によって製造業
が洗練されていくわけであるから，土地を改良すべきだという誘因が働くこと
になる。いわばここで生まれた製造業は「農業の子孫」(同，232ページ) であっ
た。

　外国貿易と製造業が発展してくると，それまで周囲の人々と分かち合ってき
た農業の余剰生産物は，自分だけで消費できる「くだらない」奢侈品の購入に
充てられるようになる。またそれを購入するために彼らが抱えていた従者たち
を追い払い，余分な借地人と契約を解除し，地代を引き上げるために借地人と
の長期借地契約を結ぶようになる。長期の借地契約は借地人にとって，利潤獲
得のための土地改良を行う契機を与えてくれるが，領主の側からすれば自分た
ちの権力基盤を脆弱なものにしていく過程でもあった。

　スミスによると「公共の幸福にとって最大の重要性を持った改革が，このよ
うにして，公共に奉仕しようとする最小の意図さえ持たない2つの別々の階層
の人々によってもたらされたことになる」(同，247ページ)。いずれにせよヨー
ロッパの大部分で，商業と製造業が農村改良のきっかけをつくった。

(2) 「重商主義」批判

　当初，外国貿易における競争は，貿易商人と遠隔地向け製造業者にとっての課題であったが，経済にとっての第一義的な問題になれば，貿易で相手国に勝利するかどうかは，為政者や国民にとっても大きな関心となる。そこで他国との貿易競争に勝つために政府は特定の商人と製造業者に特権を与えて，遠隔地向けの製造業を奨励していった。

　その結果，貿易を円滑に行うための手段である貨幣（金・銀）の蓄積が優先され，金銀の鉱山を手に入れるために，植民地獲得競争が開始される。いわばこれは「重商主義政策」と呼ばれるものであるが，スミスは国際貿易関係を限られたパイの奪い合いとして捉える考え方に違和感を示す。むしろ貿易を通した関係性の構築は双方にとって大きなメリットをもたらすはずだと考えた。例えばイギリスとフランスの間では，長い間商業上の衝突が繰り返されてきたが，このような歴史的対抗関係が存在する両国でさえ，その近接性や双方の市場の大きさを考えれば，互いに協力して経済関係を進展させることは，どちらにとっても大きな利益をもたらすはずであった。

6　『国富論』(4)──自然的自由の制度と政府の役割

(1)　政府の役割

　スミスは第5編で3つの主題について展開する。まず主権者が負うべき経費すなわち「政府の役割」について，次に公共収入の源泉について，そして公債についてである。

　スミスは政府の役割を，他の社会勢力の暴力や侵略からの防衛，社会の構成員を他のメンバーの不正や抑圧からしっかり守るための司法制度，そして社会にとっては有益であるが個人ではその費用を賄えない公共事業への経費として議論する。

　社会防衛については社会全体の利益になるので，その費用は当然，その社会の構成員全員から集められるべきだとされる。司法行政と公共事業についても社会全体の利益になるのだが，例えば裁判によって権利が回復されたり，社会

第4章　アダム・スミス　69

スミスの墓所（エディンバラ，キャノンゲイト）

インフラを通して利益を享受したりするのが特定の人々に限定されていると考えるなら，利用者の応分負担が望ましいだろう。

(2) 租税について

主権者や国家が事業を運営するには，その財源として税に頼らざるをえない。個人の収入が地代・利潤・賃金に分類される以上，税もこの3つの分類から支払われることになる。スミスは税について4つの一般原則を掲げる。(1)各人は能力や収入に応じて公平に課税されねばならない。(2)税の支払い額・支払い方法・支払い時期は明確でなければならない。(3)徴税は納税者の都合の良い時期と方法で行われねばならない。(4)納税された額に比べて国民の負担が重くならないようにしなければならない。こうした原則に照らして，スミスは地代税と奢侈品税を妥当な税制だと考える。

(3) 公債について

『国富論』の最後で，スミスは政府による債務がどのように始まり，膨らんでいったのかについて検討する。豊かな商業国の主権者は，かつては誰もが持っていた節約し貯蓄しようという性向を失い，収支の余剰部分を奢侈品の購入に使おうとする。こうして収入と支出が一致し，財政的な余裕がなくなった時に，臨時の費用が必要となり，政府債務が開始された。ひと度公債が発行されると，数々の戦争を契機として，ますますその額は膨れ上がることになる。

スミスによると公債の弊害は明らかである。債権者たちが政府に貸し付けた資本は，「彼らが貸し付けた瞬間から，年々の生産物のうち，資本として機能するものから収入として機能するものへ，生産的労働者を維持するものから不

生産的労働者を維持するものへ転化」（『国富論(4)』318ページ）することになる。つまり本来であれば生産的労働に投下されるべき資本が，消費されると消えてしまう不生産的なもので浪費されることになると言い，累増された公債の社会的弊害が指摘される。

　とりわけスミスの時代においては，植民地の防衛維持費が公債発行の大きな原因となっている。累積した公債を償還するためには税収を増やすか，経費を減らすかのどちらかであるが，アメリカ植民地に財政的貢献を求めるか，もし大幅な増収が見込めないとすれば，経費節減という意味で，植民地を放棄することも選択されるべきだとした。

参考文献

スミス『道徳感情論』村井章子・北川知子訳，日経BPクラシックス，2014年。

スミス『国富論（1）～（4）』水田洋監訳・杉山忠平訳，岩波文庫，2000～2001年。

堂目卓生『アダム・スミス『道徳感情論』と『国富論』の世界』中公新書，2008年。

星野彰男・和田重司・山崎怜『スミス国富論入門』有斐閣新書，1977年。

水田洋『アダム・スミス──自由主義とは何か』講談社学術文庫，1997年

ロス『アダム・スミス伝』篠原・只腰・松原訳，シュプリンガー・フェアラーク東京，2000年。

鈴木信雄「アダム・スミス──感情の哲学者──」鈴木信雄編『経済思想4　経済学の古典的世界1』日本経済評論社，2005年。

［章末問題］

(1)　『道徳感情論』で描かれる人間像と『国富論』で描かれる人間像の違いと，共通する部分について整理しなさい。

(2)　『国富論』の原題（An Inquiry into the Nature and Causes of the Wealth of Nations）から，スミスのこの本に込めた主題について分かることを解説しなさい。

(3)　アダム・スミスが独占や排他的特権などの規制を不健全だと考えた理由を，「自然価格」および「市場価格」という語を使って簡単に解説しなさい。

第5章　マルサス

1　マルサスの生涯

トマス・ロバート・マルサスは裕福な地主ダニエル・マルサスの次男（6番目の子供）として，ロンドンの南西にあるドーキングの「ルカリ邸」で1766年2月13日に生まれた。父親のダニエルはヒュームやルソーと親交のあった人物であり，マルサスが生まれて間もない頃，2人が連れ立ってマルサス家を訪問したと言われている。

1779年にマルサスはダニエルの友人であるリチャード・グレイヴズのもとで寄宿生活を送り，16歳からはマンチェスターとリヴァプールの間に位置するウォリントンにある非国教会系の学院に送られた。1784年にはケンブリッジ大学のジーザス・カレッジに入学し数学を学んでいたが，卒業後の1789年にはオークウッドにある教会の牧師補に任命され，聖職者としての道を歩み始める。また1793年からはジーザス・カレッジの特別研究員にも選任され，1804年に結婚するまでその職にとどまっていた。

そして1798年，マルサスの最初の著作であり，最も有名な著作である『人口論』を匿名で出版する。この著書で彼は，フランス啓蒙思想やフランス革命の影響を受けたイギリスのウィリアム・ゴドウィン（William Godwin, 1756-1836）や，革命期の啓蒙思想家だったフランスのニコラ・ド・コンドルセ（Marie Jean Antoine Nicolas de Caritat, marquis de Condorcet, 1743-94）の社会改革思想を批判するとともに，当時社会政策としてイギリスで導入されていた「救貧法」も批判した。1800年には再び匿名で『現時における食料の高価格の原因に関する研究』（『食料高価論』）というパンフレットを公刊する。また海外での

73

年　　譜

1766年	イギリス・サリー州で富裕な農場主ダニエル・マルサスの次男として生まれる。
	＊父親ダニエルはヒュームやルソーと親交のあった啓蒙主義者。
1784年	ケンブリッジ大学ジーザス・カレッジ入学，数学と文学を学ぶ。
1789年	国教会の牧師補になる。
1793年	ケンブリッジ大学の特別研究員になる。
1798年	匿名で『人口論』初版刊行。
1800年	匿名で『食料高価論』刊行。
1803年	マルサス名義で『人口論』第2版刊行（1826年の第6版まで）。
1804年	従姉妹のハリエットと結婚，後に3人の子供を得る。
1805年	東インド・カレッジの「歴史および経済学」の教授に就任。
1814年	『穀物法および穀物価格騰落のわが国の農業および一般的富におよぼす諸効果に関する諸考察』発表。
1815年	『外国穀物輸入制限政策に関する見解の諸根拠』発表。
	『地代の性質と増大，およびそれが支配される諸原理に関する研究』発表。
	＊「穀物法」賛成の主張を展開，リカードとの論争。
1820年	『経済学原理』刊行。
1834年	バース近くのハリエットの実家で心臓病のため死去。

　調査旅行の成果を取り込んだ『人口論』第2版をマルサス名義で出版し，その後1826年までに5回の改訂を重ねることになる。

　『人口論』第2版を出版した同じ年に，リンカーン州ウェイルズビー教区の牧師職に就き，翌年にはハリエット・エッカソルと結婚，後に3人の子供を授かった。そして1805年に，当時設立された東インド・カレッジ（現在のヘイリベリ・カレッジ）における経済学教授に就任することになるが，これはイギリス最初の経済学講座だと言われている。

　その後マルサスはホイッグ系の『エディンバラ・レヴュー』に寄稿することで，当時の「地金論争」に関わっていき，その過程でリカードとの親交を結ぶようになる。ところが1814年からの「穀物法論争」において，当時のトーリー政権の保護貿易政策や穀物の高価格化政策を擁護したため，リカードとの学問的対立が明確になっていく。

> ### フェミニズムの先駆者——メアリ・ウルストンクラフト
>
> ゴドウィンの妻は『女性の権利の擁護』(1792年) を著した作家でフェミニストのメア
> リ・ウルストンクラフト (Mary Wollstonecraft, 1759-97) である。彼女は主著の中で，教
> 育論として名高いルソーの『エミール』(1762年) を批判する。彼女によるとルソーが提
> 示する男女異なる教育方針は，女性を脆弱なものと見なす男性の女性観に根差したもので
> あり，そのような見方が女性の知的な発展を妨げてきたという。
>
> なお娘のメアリ・シェリーはゴシック小説『フランケンシュタイン』(1818年) の著者
> であり，ウルストンクラフトはメアリ出産の際に，産じょく熱で亡くなった。

　1820年には，自分のこれまでの経済学説をまとめた『経済学原理』を出版するが，売れ行きは芳しくなかった。一方の『人口論』はその後も様々な学問分野で大きな影響を与え続けることになるが，『経済学原理』はマルサスの死後100年を経て，ようやくケインズに再発見されることで注目されるようになる。

　マルサスはクリスマス休暇のために訪れた保養地として有名なバース近くのハリエットの実家で，心臓病を発症し，1834年12月29日この世を去った。またマルサスの遺体は年が明けた1月6日にバース寺院に埋葬されることになる。

2　『人口論』

(1)　人口をめぐる基本前提

　マルサスの経済学は18世紀の政治政策をめぐる議論の中で練り上げられてきた。特に彼の名を世に知らしめたのは，『人口論』の刊行とそれをめぐって展開された論争である。そしてその背景にあるのは，18世紀以来の産業革命の進展に伴い生じた穀物価格の高騰と貧困問題の顕在化であった。

　マルサスが『人口論』を執筆する動機の1つに，ゴドウィンとコンドルセによる理性主義的思想に対する応答が挙げられる。マルサスは彼らの議論に反論すべく，人類の運命を否応なく貫く「人口法則」を提示した。彼によると人口法則を根拠づけるものとして，2つの基本前提 (「公準」) が存在するという (マ

第5章　マルサス　　75

ルサス『人口論』29ページ）。

(1) 食料は人間の生存にとって不可欠である。

(2) 男女間の性欲は必然であり、ほぼ現状のまま将来も存続する。

　またこの前提を踏まえて、マルサスは3つの命題からなる人口原理を提示する。第1に人口は生存手段（食料）なしには増加しない。第2に人口は食料が与えられれば必ず増加する。第3に人口は食料の増加を上回る速度で増えていく。つまり「人口は、何の抑制もなければ、等比級数的に増加する。一方、人間の生活物資の増え方は等差級数的である」（同、30ページ）。

　この命題を説明するために、マルサスはアメリカ合衆国における人口の増加率と、イギリスの穀物生産の増加率を比較し、その違いから25年ごとに「人類は、1、2、4、8、16、32、64、128、256、512、といった増え方をし、食料は、1、2、3、4、5、6、7、8、9、10のように増える」と結論づける。そのためこの調子で時間が経過すると、225年後には人口と食料の比率は512対10となり、300年後には4096対13になるという予測が立てられる。

　つまり一方で人口は生存手段（食料）の増産以上に増加するし、さらに食料が増産されたとしてもそれに応じて人口も増加していくことになる。もちろん土地に依存する食料の増産には限界が生じるのだから、人口はその限定の中で調整されることになる。マルサスはこの人口増加を妨げる過程の中に必ず「悪徳」（vice）が存在することを指摘した。

⑵　人口抑制をもたらす働き

　マルサスは歴史分析を通して、人口がどのように憎減してきたかを検証する。まず未開の狩猟社会では、生活は過酷であり、戦争も頻繁に起こったため人口はそれほど増えることはなかった。ところが遊牧民族の段階になると、それなりに厳しいとはいえ狩猟社会よりはるかに生活が楽になり、それとともに人口も増大していく。その後、近代の牧畜と農耕が混じり合った段階になると、人口はかなり増加することになる。しかし他方でその伸びはかつてほど急激なものではないことも指摘される。マルサスによると、人口の伸びが緩やかになったのは男女間の性欲が弱まったからではない。彼の公準に従うなら男女間の性

欲は変わらない。では何が人口の伸び率を緩やかにしているかというと，「事前予防的抑制」が働いているからだという。マルサスの言う「事前予防的抑制」とは，人々は結婚した場合，「独身の時のままの生活水準を家族に提供できるだろうか」，あるいは「子供を餓死させずに満足いく食事を与えられるだろうか」といった懸念から生じる振る舞い方であり，当時のイングランドでは社会のほぼすべての階層で観察される現象だという。ただし初版『人口論』の議論では，「結婚に対する抑制」は世界中のどこにおいても「悪徳」を生じさせるし，「この悪徳のせいで，男女ともども抜けがたい不幸の中に絶えず巻き込まれていく」（同，66ページ）と指摘される。

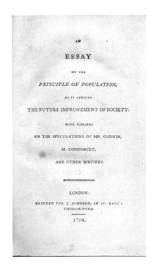

マルサス『人口論』タイトルページ

　こうした予防的な抑制は一般に観察されるとはいえ，社会の最下層ではこの抑制が効かない場合がある。とりわけ都市の最下層の家庭の子供たちには，ろくに食事も世話も与えられず死んでいくというケースが見られる。このように「予防的抑制」が働かず，困窮を通した食料供給の停滞から強制的に行われる人口抑制を，マルサスは「積極的抑制」と名づける。

　要するにマルサスが描く人口問題とは，「予防的抑制」が働くことでかろうじて人口の増大率を軽減させるかもしれないが，最貧困層では「予防的抑制」があまり機能せず，人口増加を引き起こし，結果的に悲惨な人口調整が強制的に進行するという事態のことである。

　ただしマルサスはこの2つの「抑制」を訂正するように，第2版『人口論』において，新しい抑制概念を提示する。彼によると人々が将来の生活困難を予見し，結婚を延期・回避することで，「悪徳」や「悲惨」（misery）に至ることなく，人口増大を防ぐという「道徳的抑制」というあり方に触れる。いわばこの概念は理性的な人間の判断による人口抑制の可能性について言及したものである。しかし他方でマルサスの理性への信頼表明は，従来なされてきたゴドウ

ィンやコンドルセの理性主義を批判する立場に変更を迫るものだとも言える。

⑶　ゴドウィンへの批判

　もともとカルヴァン派の牧師であるゴドウィンは，キリスト教的な価値観に基づいた私有財産制の廃止を唱えていた。彼によると神の国は倫理的で共産主義的である。ところが現世では権力と暴力に満ちた政府によって，人々を不幸にする制度が敷かれている。この不幸は具体的には貧困という形で現れるが，人はその環境に置かれることによって本来自分が持っている理性的な力を失ってしまう。この本来備えているはずの理性的で道徳的なあり方を取り戻すためには，専制的な政治体制を廃止し，真に平等な社会を実現しなければならないと考えた。

　マルサスはこうしたゴドウィンの主張を初版『人口論』で強く批判する。マルサスによるとゴドウィンが提示する「平等社会の体制」は「美しさと魅力を備えて」おり，「その実現の時が心から待たれるようになる」と持ち上げつつも，「その時は永遠に来ない」（同，136ページ）と切り捨てる。なぜならたとえ悪徳や貧困の原因が社会制度にあり，悪しき社会制度を撤廃し，不幸な状態を改善できたとしても，「人間の本性に固有の，しかも人間によっては決して規制できない法則」，すなわち食料不足から生じる人口過剰という問題が私たちを襲うからである。

　食料が不足した悲惨な状態にさらされると，人々の本性はすさみ，博愛の精神も保てなくなる。そうなると一旦健全化した社会にも，様々な害毒が再び現れ，それを取り除くためには現在とそれほど変わらない所有制度が設けられることになるだろう。

　要するに，たとえどんな社会制度のもとにあろうとも，人間は「欠乏やその他の欲望から生じる悪への誘惑に必ず負けることになっている」（同，197ページ）ので，悪徳をなくすために既存制度を廃止し，人間の知性を発展させるべきだというゴドウィンの理性主義的な体制廃止論は，根本的な解決に至らないと反対する。ただしすでに触れたように，「道徳的抑制」という概念を第2版以降導入することで，マルサスは理性に対する信頼をある意味で承認すること

になる。

(4) 救貧法批判

　マルサスは人口法則に応じて生じる様々な「抑制」のあり方を整理し，考察するが，そこからさらに行政当局が実施する貧民への救貧政策について，その悪弊を指摘し，漸進的な廃止を求めていく。というのも貧民を救済する目的でつくられた救貧法が，貧民を救済するのに役立たないばかりか，さらなる社会的な困難を引き起こすことになると考えたからである。

　イギリスでは16世紀中頃から「救貧法」という公的な貧困者救済策が実行されてきた。中でも1601年に制定された「エリザベス救貧法」(改正救貧法) は，それまで各教区の裁量に任せっぱなしであった救貧政策を初めて国家レベルで管理しようというものである。ただ当初は「救貧法」といっても，社会福祉でなく，治安維持を目的とするものとして導入されていた。その後「ワークハウス」のように国民的利益のために貧民を積極的に活用しようという立場や救援を抑制するための手段として構想されるが，次第に人道主義的な側面が強調されるようになり，1782年の「ギルバート法」の精神のもと，1795年にワークハウス外での賃金補助制度 (「スピーナムランド制度」) が成立する。「スピーナムランド制度」は賃金によって必要な量のパンを得られない場合に，家族の人数とパンの価格に応じて救貧手当を支給するというものである。マルサスが救貧法批判を展開するのは，この制度成立を受けてのことであった。彼によると救貧法は，「個人の不幸を多少は緩和したかもしれない」が，「一般的な弊害をさらに広くばらまいてしまった」(同，69ページ)。

　例えば1日の稼ぎが18ペンス (=1シリング6ペンス) の労働者たち全員に，いくらか渡して収入を5シリングにするとしよう。一見すると貧しい労働者たちにたくさんのお金が行き渡り豊かになるように思われる。ところがマルサスによると，彼らにお金を渡したところで，国内に出回る食肉の量がその分増えるわけではないので，みんながごちそうにありつけるわけではない。またお金が多く配られる (流通する) と食肉市場で数少ない商品をめぐって買い手の間に競争が発生し，例えば肉1ポンド6〜7ペンスだった価格が，2〜3シリングに跳

第5章　マルサス　　79

マルサス ケンブリッジ最初の経済学者と称されるマルサスが教鞭を執ったのは、東インド会社が設置した東インド大学であった。そこはインドに赴く高級官僚を養成する教育機関であったが、今もハートフォードのヘイリベリにその姿を残している。

ね上がるかもしれない。結果を見れば、当初以上に肉が行き渡ることもなく、ただ一般的な物価水準が上昇するということになりかねない。さらに食肉への需要の高まりによって、本当なら人間に供給されるはずの穀物が家畜のエサとして使用され、全体的な食料供給量は減少するかもしれない。

　この事例からマルサスは、最下層の人々の収入がいくら嵩上げされようと、全体的な生活状況が改善されるわけではないと指摘する。むしろ貧困対策としての給付金が一時的に支給されることで、労働者は金持ちになったと錯覚し、勤労意欲を失い、生産活動に支障をきたす。結果として国内の生産力は低下し、ますます貧困化が進むという悪循環が生じると考えた。

　また救貧法は、困窮者に対して扶養する手段（食料）そのものを増やさないのに、生活に余裕ができたと錯覚させることで扶養者を増やすように促し、結果的に彼らの生活を悪化させ、さらに多くの困窮者を生み出すのに加担することになる。もちろん貧困者対策として考えるべきことはある。例えば労働市場を自由化し、必要なところへ労働力を向かわせることや、極度の困窮者は「ワークハウス」へ収容し、規律を施すことで自立意識を芽生えさせるというやり方がある。しかしいずれの場合も人類が人口法則に貫かれている以上、マルサスにとっては、あくまでも対処療法でしかなかった。

⑸ 食料不足と経済学

　ここでマルサスは最下層の人々の生活状態に視線を向けている。救貧法批判を展開するにしても、貧困者を侮蔑する意識のもと救貧政策を批判しているのではなく、それが最終的に食料不足によって最下層の人々を追い込むことを危惧している点が繰り返し強調される。

　そのためアダム・スミスに対する経済的立場の取り方もこの点に関わる。スミスは労働の賃金に充てられる資金を増やせば労働需要が高まり、賃金が上昇し、労働者の生活を改善させると考えていた。マルサスはこれに異議を唱える。彼の反論は、工業に資本投下を集中させると賃金は上昇するかもしれないが、食料ストックの増加に結びつく資本投下をおろそかにすれば、いずれ食料不足と食料価格の高騰を招き、せっかく上昇した賃金も実質的に下がりかねないという。つまりマルサスが問題にするのは、その国の労働生産物が全体として増えるかどうかではなく、実際に「貧しい労働者の生活」が「よくなるかどうかである」（同、234ページ）。さらに生活の質ということで言うなら、農業から製造業への労働者の職業転換は、「幸福の重要な要素である健康にとってきわめてよくない」（同、225ページ）とも指摘する（第5版『人口論』では製造業・商業に対して肯定的に評価するようになる）。

　他方でスミスが論じた資本投下の「正しい順序」（農業・製造業・外国貿易の順）については、実際のヨーロッパにおいて逆の順序で資本投下がなされたというスミスの見解に同意を示す。ただしスミスがこの主題を資本蓄積の健全な発展や「重商主義批判」という文脈で捉えたのに対し、マルサスの場合、もし資本投下が正しい順番で行われたなら、「人口は現在より増えただろうが、人口問題で悩まされることはむしろ減ったかもしれない」（同、243ページ）という人口と食料不足の関係という論点が強調されている。

＊

　初版『人口論』ではどのような主題を扱おうとも、人類の運命を覆い尽くす人口法則が一貫して存在している。もちろんこれはマルサスの神学的な思想に基づいた前提であり、一見どうしようもない困難のように思える人口の原理は、

「神の全体的な目的」を弁証法的に実現するための試練であった。すなわち人口原理という不可避の法則は，いかなる困難があろうとそれに立ち向かい，自らの能力を向上させようという人類の「精神的な努力」を引き出す障害として理解される。

　困難があればこそ成長が果たされるというのは，ある意味「ナイーブ」な考え方である。人によっては人類の運命として人口原理を受け入れ，思考停止に陥るかもしれない。しかしマルサスにとって不可避の法則という思考の制約は，彼を現実の社会問題へ向かわせ，そこから自身の経済学をつくり上げさせる重要な装置として機能した。

3　マルサスの「有効需要論」

　1800年に出された『現時における食料の高価格の原因に関する研究』（『食料高価論』）において，マルサスは北欧旅行の際に経験したスウェーデンでの穀物価格の高騰具合と，帰国してからイギリス国内で観察した穀物価格の高騰具合の違いについて考察する。マルサスによると，不作を受けてもスウェーデンにおけるパンの原料であるライ麦価格の高騰は2倍に達することはなかった。ところが不作の程度ははるかにましなのに，イギリスにおける穀物価格の高騰は3倍以上に上昇している。この違いをマルサスは，イギリスでは救貧法によって人々に所得の再分配が行われ，それぞれの購買力が上昇したことで，イギリスの穀物価格がスウェーデンよりもはるかに高騰したと考える。

　マルサスによると，これは次のようなメカニズムによる。例えばある穀物に対して50人の需要者が存在する。ところが何かの原因で40人分しか供給されないと，その穀物のもともとの自然価格は忘れられて，現実の価格は上から40番目の需要者が支払うことのできる金額まで上昇することになる。つまり40番目の限界購買者の支払う金額がその穀物の価格となる。ここで誰かが，購入できなかった残りの10人にお金を提供したとしよう。もちろん供給される穀物量は40人分なので，全員が購入できるわけではない（10人は購入できない）。新たにお金を提供された人々は，そのお金を使ってこの商取引に参入す

マルサスとケインズ

少子高齢化とは無縁の時代　理性に基づく革命の嵐がヨーロッパに吹き荒れ，海を越え
てグレイト・ブリテンにも迫ろうとしたとき，匿名の著者による小冊子が出版された。
「食料の生産が人口の増加には追いつかない。これは自然法則で人為の左右できることで
はない。栄養不足で飢餓に苦しむくらいなら，経済力が伴うまで婚姻を延期するべきであ
る」。人口が25年ごとに2倍増加していくという法則は，国民の飢餓の原因を財産の不平
等に求め，社会の改革を主張した立場に一撃を与えた。5年後改版された著作に記された
のは「マルサス」という名前で，彼は「ケンブリッジ出身の最初の経済学者」（ケインズ）
になった。

るが，この場合40番目の需要者は，最初の40番目の需要者が支払ったよりも
高い金額を提示するため，穀物の価格は高騰することになる。要するに給付手
当などの手段で，貧困者の所得を増大させても必需品価格の高騰を招くだけで
あるし，今回の凶作でイギリスにおける穀物価格が他国以上に高騰したのはこ
のような理由のためだと結論づけた。

　この『食料高価論』の議論は，価格の決定原因を需要者の側に求めたもので
あり，「限界購買力説」と呼ばれる。マルサスの説明では，供給量より需要量
が大きければ価格は上昇し続けることになるし，最終的には需要量と供給量が
一致するところで価格が決定されるという。

　後年ケインズは，食料価格の過剰な高騰の原因を供給不足だけでなく，「労
働階級の所得が増加すること」（ケインズ『人物評伝』120ページ）に求めた『食料
高価論』の議論を引用しながら，マルサスが価格（そして利潤）に対する「有効
需要」からの影響を示唆したと指摘する。

　『食料高価論』におけるマルサスの見解を，ケインズがどれくらい適切に検
証できているかはともかく，彼はリカードが高度に抽象的な議論で経済現象を
分析しようと努めることで「現実の事実から遊離した」のに対し，マルサスは
「はるかにその結論に近いところから話を始めることによって，現実の世界で
たぶん起こるものと予想されうる事柄を，一層的確に把握した」（同，120ペー
ジ）と述べ，ここに「体系的な経済学的思考の始まりがある」（同，122ページ）

第5章　マルサス　　83

と大いに評価する。

4　穀物法論争

　イギリスは18世紀末以来の対フランス戦争によって，輸入に依存した食料調達が難しくなり，国内で食料を賄うように政策を転換してきた。ところが1813年のナポレオン戦争の終結と大豊作によって，穀物価格の暴落が起こる。食料輸入の再開と国内の豊作によって農業不況が発生することになったが，イギリスではこれをきっかけに1813年から15年にかけて「穀物法」による関税引き上げ論争が巻き起こっていた (次章参照)。

　マルサスは『人口論』において，農業保護による食料増産は人口法則を前にしては弥縫策にしかならず，たとえそのようなやり方で食料を増加したとしても，一時的な豊かさしかもたらさないと主張していた。ところが穀物法をめぐる論争の中で，彼は輸入の自由化を主張するリカードに対し，関税引き上げによる農業保護の強化を支持することになる。

　マルサスの理屈は『人口論』のものとはまったく異なる次元で展開される。彼の主眼は，イギリスが食料輸入国であるという現状から出発し，食料を輸入に頼り続けることの是非を問うものであった。マルサスによると万一戦争や大凶作などが生じた場合，自国の食料供給の多くを輸入に頼っていると取り返しのつかない困難に見舞われる可能性がある。つまりひと度戦争が起これば，ナポレオン戦争がそうであったように，食料輸入が急に途絶えることもある。また凶作の場合には，輸出元の国は自国への食料供給を優先し，イギリスへの食料提供を後回しにするかもしれない。このマルサスの議論はいわゆる「食料安全保障論」と呼ばれるものであるが，こうした立論からの穀物法論争への介入は，この時点で彼が経済の論理ではなく，政治の論理を優先させることを物語っている。

　もちろんこの論争上の立ち位置は，自由な輸入を抑制する反自由主義的な対応に見える。当然穀物輸入を制限し，国内の穀物価格を維持することで利益を享受するのは一部の人々 (地主層) であり，彼らの権益を擁護しているようだ。

しかしこの地主層への擁護は政治イデオロギー的に理解するよりも，経済学的に理解するべきかもしれない。後にマルサスは，地代収入が有効需要として資本の蓄積過程を支えることになり，一般的過剰生産に対する備えとして，地主の購買力を確保しておくことの自由主義経済における重要性を強調する。すなわちマルサスの考えは，自由主義経済を擁護するとともにそれだけでは機能し損ねる自動調節作用を補完する対処法として地主の購買力確保を求めるというものであった。

参考文献

マルサス『人口論』斉藤悦則訳，光文社文庫，2011年。

マルサス『経済学原理（上）（下）』小林時三郎訳，岩波文庫，1968年。

ケインズ『人物評伝（ケインズ全集第10巻）』大野忠男訳，東洋経済新報社，1980年。

マルサス学会編『マルサス人口論事典』昭和堂，2016年。

中澤信彦『イギリス保守主義の政治経済学——バークとマルサス——』ミネルヴァ書房，2009年。

プレン『マルサスを語る』溝川・橋本訳，ミネルヴァ書房，1994年。

佐藤有史「トマス・ロバート・マルサス」鈴木信雄編『経済思想4 経済学の古典的世界1』日本経済評論社，2005年。

ウィンチ『マルサス』久保芳和・橋本比登志訳，日本経済評論社，1992年。

[章末問題]

(1) マルサスが救貧政策を批判した理由を，人口法則の観点から解説しなさい。

(2) 『人口論』(初版)の中で，マルサスはアダム・スミスの経済学をどのように批判したか説明しなさい。

(3) J. M. ケインズがマルサスのどのような議論を評価したのかを明らかにしなさい。

第6章　リカード

1　リカードの生涯

　デイヴィッド・リカードは，証券仲買人エイブラハム・イズライアル・リカードの三男として，1772年4月18日，ロンドンで生まれる。スペイン・ポルトガル系のユダヤ人で，リカードというイタリア系の家名は1720年頃から使われ始めたと言われている。

　アムステルダムにあるユダヤ協会の記録によってさかのぼると，もともとの家名は「イスラエル」であったが，16世紀末にイベリア半島で巻き起こった「異端審問」のもと，やむをえずキリスト教に改宗し，隠れユダヤ教徒になったとされる。その後「リカード家」はイタリア西岸のリヴォルノに移住しユダヤ教徒に回復し，さらに1660年代にアムステルダムに移っていった。

　リカードの祖父ヨゼフがアムステルダム証券取引所の高名な仲買人として活躍した頃，イギリス証券への投資や取引が活発になり，ヨゼフ自身もイギリス国債，東インド会社，南海会社，イングランド銀行などの株式売買を手がけるようになった。イギリス証券取引の増大によるロンドン証券取引所の興隆を見越して，アムステルダムの証券仲買人たちから送り込まれたのが，リカードの父，エイブラハム・リカードである。エイブラハムは1772年にイギリス国籍を取得し，翌年念願の取引所会員として証券仲買人になった。また同じ年にデイヴィッドを授かることになる。

　幼少の頃のリカードについてはあまり知られていない。11歳から13歳までアムステルダムの叔父の家に預けられ，当地のユダヤ教会（シナゴーグ）付属の初級学校・上級学校に通っていたとされるが，リカードが正規の教育を受けた

87

年　　譜

1772年	（スペイン・ポルトガル系のユダヤ人の）証券仲買人エイブラハム・イズライアル・リカードの三男として，ロンドンで生まれる。
1793年	クエーカー教徒の外科医の娘プリシラと結婚→父親から絶縁→非国教会系のキリスト教ユニテリアン派に改宗。証券仲買人として独立し，成功を収める。
1799年	保養のため逗留した温泉地バースでスミスの『国富論』に触れ，経済学に興味を持ち，研究を始める。
1809年	『モーニング・クロニクル』紙に論文「金の価格」発表。 ＊金価格高騰の原因をイングランド銀行の兌換停止に求める議論を展開。
1811年	『地金高価論』出版。
1815年	『穀物の低価格が資本の利潤に与える影響についての試論』出版。 ＊穀物の価格高騰を招く穀物法を批判。
1817年	『経済学および課税の原理』を出版（1819年に第2版，1821年に第3版を出版）。
1818年	グロスター州知事に就任。
1819年	アイルランドのポーターリントン選挙区より下院議員に選出。
1823年	耳の伝染病のため死去。

のはこの時だけであった。帰国後14歳になると，父の事務員およびメッセンジャーとして雇われることになる。

　1793年，近所に住むクエーカー教徒の外科医の娘プリシラと恋に落ち，結婚しようとするが，ユダヤ教徒もクエーカー教徒も宗旨外の者との結婚が禁じられていたため，両家とも2人の結婚を認めなかった。しかし反対を押しのけるように，2人は「認可状」によって，1793年12月20日国教会に属するランベス教区教会で結婚式を執り行う。父は激怒し，母は終生彼を許すことはなかったが，母の死後，父とは和解することができた。

　独立したデイヴィッドは証券業で身を立て，着実に業績を上げていく。そこには彼自身の手腕もさることながら，絶縁されていたとはいえ父の業界での名声や友人たちの援助も少なからず支えとなったようだ。

　リカードの経済学への関心は，1799年に保養のため逗留していたバースの貸本屋で，たまたま手にしたアダム・スミスの『国富論』がきっかけだった。

最初に発表した論文は，1809年8月29日付の『モーニング・クロニクル』紙に匿名で掲載された「金の価格」であるが，これをきっかけに，その後議会を巻き込む「地金論争」が引き起こされることになった。

当時，金地金および金鋳貨の市場価格は，鋳造価格（公定価格）よりも高かった。リカードはこの現象を金価格の高騰と考えるのではなく，イングランド銀行券の下落と考える。もし銀行券の下落なら，公債所有者や年金生活者など固定収入で生活している人々にとっての悪影響が生じる。ではなぜイングランド銀行券が下落したのか。リカードはその理由を，1797年の「銀行制限条例」（Bank Restriction Act）によりイングランド銀行が銀行券と金鋳貨の兌換を停止したことにあると考え，銀行券の下落を止めるには，兌換の再開が必要だと主張する。つまり彼によると，金価格の高騰は貿易収支の悪化による貴金属の流出が原因なのではない。国際的な取引が活発になった世界においては，国によって貴金属貨幣の価値が相対的に異なることがある。その場合，流通必要量以上に貨幣が発行されていれば，貨幣価値が下がり，貨幣輸出の誘引となりかねない。貨幣の過剰発行を避けるためには，銀行券発行の際の兌換を再開し，通貨総量を制約し，その価値を保つことが必要であった。

1815年，ナポレオン戦争終了時の国債売買で大きな利益を得たことを最後に，リカードは証券仲買人の仕事を引退する。引退を機に長年の友人であったジェイムズ・ミル（James Mill, 1773-1836）の勧めもあり，経済学の研究に邁進していくことになる。

デイヴィッド・リカード　リカードの経済学修業は，主として父祖の代からの株式取引に負い，学校教育によるものではなかった。友人たちの勧めで執筆した『経済学原理』の初版は，第5章と第7章が2つあるという，書物としての体裁に欠ける仕上がりとなった。

この同じ年には，穀物の輸入制限を強化する「穀物法」に反対するために
『穀物価格が資本の利潤におよぼす影響についての試論』（『利潤論』）を，そして
1817年には主著となる『経済学および課税の原理』（『原理』）を刊行する。その
後『原理』は1819年に第2版，1821年に第3版が出版される。

1819年，議会改革を望んでいたジェイムズ・ミルの再三の強い勧めで，ア
イルランドのポーターリントン選挙区より出馬し，下院議員に選出されるが，
彼の立場はトーリーなどの政府を支持する勢力と対峙することが多かった。そ
して1823年，リカードは前年の大陸への家族旅行の際に患った耳の伝染病が
原因でこの世を去ることになる。

2 『経済学および課税の原理』

(1) 価値論(i)──投下労働価値説

リカードは『経済学および課税の原理』の序文で，農業に代表される生産活
動を通じて資本が蓄積されること，またそれとともに社会の3大階級である地
主・資本家・労働者の間で，地代・利潤・賃金がそれぞれどのように分配され
るかを確定することが，「経済学の主要問題である」（リカード『経済学および課
税の原理（上）』11ページ）と宣言する。こうした分配法則の探求を進めていく上
で彼がまず行ったのが，スミスの価値論の検討であった。

リカードはスミスに倣って，モノの価値を使用価値と交換価値に区別する。
使用価値は交換価値が存在するために絶対不可欠な要件であるが，使用価値が
交換価値の尺度であるわけではない。つまり何がしかの効用がなければ交換価
値は発生しないが，効用は主観的であるがゆえに，交換価値の尺度にはなりえ
ないと考えた。

考えられる商品の交換価値の根拠は，商品の「希少性」か，あるいは商品を
手に入れるのに要した「労働量」の2つである。希少性を価値の源泉とする商
品は，いくら労働を投入しても再生産できないか，あるいは再生産できたとし
ても任意にその数量を増減できない商品である。例えば特定品質のワインは，
限られた土壌で栽培されたブドウからしか醸造できない。つまりいくらがんば

って働いたとしても，生産量が労働量と無関係に決まる商品である。むしろこのような商品の価値は「それを所有したいと思っている人々の富と嗜好の変動に応じて変動する」（同，18ページ）。

しかし希少性を価値の源泉とする商品は，市場で交換される商品全体の中の一部に過ぎない。そこで「商品，その交換価値，およびその相対価格を規定する法則を論じる場合には，……人間の勤労の発揮によってその量を増加することができ，またその生産には競争が無制限に作用しているような商品だけを念頭に置くことにする」（同，19ページ）。すなわち生産に投入された労働の量によって価値が決まるという投下労働

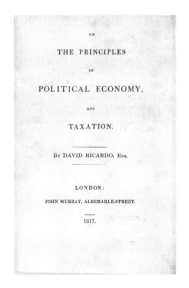

『経済学および課税の原理』タイトルページ

価値説を採用し，スミスがそれとともに提示した支配労働価値説は退けられることになった。

スミスは初期未開の状態が投下労働価値説の支配する社会であり，社会が発展することで，利潤や地代を含めた新しい生産物の価値決定基準が現れると考えていたが，リカードは社会の初期状態においても資本は存在すると考える。彼によると農業であれ，狩猟活動であれ，生産物の価値はそれを手に入れるために費やされた労働量によって決定されるが，その場合の労働量は，農作業や狩りといった直接的な生産活動に関わるものだけではない。農具や弓矢といった生産活動を行う上で必要な道具を製作するための労働も，生産活動として考慮されねばならないという。

(2) 価値論(ii)──相対的な交換価値

しかし投入された労働量によって生産物の価値が変わるとすれば，何かの事情によって生産力が変化すれば，財同士の相対的な価値が変化することになる。

第6章　リカード　91

リカードは鹿と鮭の生産（捕獲）を事例に，相対的な価値の関係について説明する。彼によると鹿と鮭はそれぞれ捕獲するのに必要な労働量によって，相対的な交換価値が決定される。例えば同じ資本量と同じ労働量を使って，1日で捕まえられる鹿の数が1頭，1日で捕まえられる鮭の数が2尾であるなら，その交換比率は1対2である。

しかしこの交換比率はそれぞれの捕獲具合（労働生産性）によって変化する。仮に鮭を捕まえる量が減少するか，鹿を捕獲する量が増加するか，その両方が起これば，鮭の交換価値は相対的に高騰するだろう。逆に鹿を捕獲する量が減少するか，鮭を捕まえる量が増加するか，その両方が起これば，鹿の交換価値は相対的に高騰するだろう。

このように交換比率の変動過程が分かっていればよいが，結果からだけではその原因を探ることは難しい。そこでいかなる事情においても「その価値が普遍である何らかの商品」（例えば貨幣）があれば，その変動原因を探ることができると考える。仮に鹿1頭の値段が2ポンド，鮭1尾の値段が1ポンドだとする。それぞれの貨幣との交換比率が変動し，鹿が3ポンドになり，鮭が1ポンドのままであったとすれば，鹿を獲得するのに必要な労働量が増えたと考えることができる。また逆の現象が起きれば，逆の原因を考えればよい。

また商品について普遍の基準となる商品を想定すると，労働の賃金の変動が商品の相対価値には少しも変動を及ぼさないことが分かる。たとえ賃金が10％増加したとしても，これらの商品が売れる額（貨幣との交換比率）は同じである。というのも狩猟業者と漁労業者の賃金が増加したのと同じ割合だけ，金を採掘する鉱山業者の賃金も引き上げられるため，それぞれの相対価値は賃金騰貴の前後を通じて変わることはないからだ。

⑶　賃金と利潤の相反関係

価値そのものが投入された労働量に比例するとしても，リカードが労働量をさらに直接的な労働（生産活動）と過去の労働（道具を製作する労働）に分けて整理したことは，賃金と利潤の分配割合を考える上で重要である。

例えばビーバー1頭を4時間かけてつくった道具を使い，1時間かけて捕獲

機械化と社会問題の時代

　リカードは，機械の導入が資本家の利潤にとってプラスに働いたとしても，労働者にとって必ずしもプラスに働くわけではないと指摘する。産業革命以来の機械化の流れは，労働者の失業への不安とラダイット（機械打ち壊し）運動を呼び込むことになり，リカードの懸念を現実化させることになった。その後も科学技術の進展や社会制度の効率化が労働時間の短縮をもたらすと経済学者たちは予言してきたが，必ずしもそのような方向に向かっているようには見えない。今日人工知能技術の発展が人々の働き方にどのような影響を及ぼすかは，労働者にとって決して楽観できるものではない。リカードの懸念やその後の技術と労働の関わりを踏まえるなら，こうした議論は技術論的な観点からだけでなく，経済制度や社会哲学の側面からも論じられるべきものである。その意味で経済学の果たすべき役割は大きい。

した場合と，鹿1頭を3時間かけてつくった道具を使い，2時間かけて捕獲した場合とでは，どちらも5時間をかけて獲物を捕まえたということからすると，ビーバーも鹿も同じ価値を持つ。

　しかしそれぞれの捕獲における各労働量の割合は異なる。ビーバーの場合，道具の製作に4時間と直接労働に1時間かかり，他方鹿の場合，道具製作に3時間と直接労働に2時間かかった。つまり捕獲された獲物は，ビーバーの場合，5分の4が利潤として資本に充てられ，5分の1が賃金として労働者に分配されるし，鹿の場合，5分の3が利潤として資本に充てられ，5分の2が賃金として労働者に分配される。つまりリカードは，直接的労働と過去の労働を分けて考えることで，収益における賃金率と利潤率の相反関係を明らかにした。

(4) 地代論

　利潤と賃金が生産への寄与度によって決まると考えたのに対し，地代は土地が生産にどれだけ貢献したかでなく，様々な土地の肥沃度の違いによる生産力格差によって発生するという「差額地代論」が主張される。

　ある国において，人口が少なく，人々を養うための作物がそれほど必要でない場合，食料の供給は最も肥沃な土地を耕作するだけで賄える。リカードによ

ると，この時地代は存在しない。なぜなら耕作できる土地は他にもたくさんあり，あり余るものに対して使用料を払う者などいないからである。いわば空気や水など無限に存在するものに対し，使用料を払わないことと同じである。だからその時得られる生産物は「利潤」と「賃金」のみから構成されると考える。

ところが人口の増加や別の理由によって，最も肥沃な土地（第1等地）の耕作だけでは足りず，それより生産力の劣る土地（第2等地）が耕作されたとする。リカードはこの時第1等地と第2等地の間の「生産量の差」によって地代が発生すると考えた。

同じように人口が増え，第2等地よりも地味で劣る第3等地の耕作が必要になった場合，第3等地の生産量を基準にして，第2等地と第3等地の生産量の差が第2等地の地代，また第1等地と第3等地の生産量の差が第1等地の地代になる。言い方を変えると，最も劣悪な土地（限界地）で利潤と賃金は決まる。そして地代とされるのは，この限界地の生産量（利潤＋賃金）を超える優良地の超過生産部分である。

　　土地の使用に対して地代が常に支払われるのは，もっぱらその量が無限でなく，質が均一でないからであり，人口の増加につれて，質が劣悪であるか，位置が不便な土地が，耕作されるようになるからである。社会の進歩につれて，第2等の肥沃度の土地が耕作されるようになると，地代は直ちに第1等地に始まる。そしてその地代の額は，これら2つの土地部分の質の差異に依存するであろう。……人口増加の一歩ごとに，一国はその食料供給を増加しうるためには，より劣悪な質の土地に頼ることを余儀なくされ，より肥沃なすべての土地では地代が上昇するであろう。（同，106-107ページ）

地代発生のプロセスをもう一度確認してみよう。限界地の生産物は資本の利潤と労働者の維持分（賃金）からなる。人口増加などによってさらなる劣等地の耕作が必要となった場合，第1等地（例えば生産力100）と第2等地（例えば生産力90）の間には，10の生産物の差が発生する。この差は労働者の維持分（賃金）が一定だとすれば，2つの土地にそれぞれ異なった利潤率が存在すると考える

か，あるいは「他の目的のために，引き去られねばならぬか」のどちらかということになる（同，107ページ）。

土地によって利潤率が異なると考えると，資本の投入はより高い収益をもたらす投資機会があればそちらに向かう。反対に他の投資機会より収益が低ければ資本は引き上げられる。とはいえより高い収益をもたらす投資機会も参入が相次げば，他の

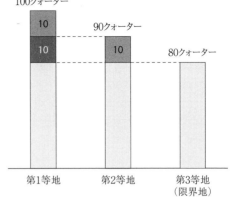

地代の発生過程

投資機会と同じ水準まで収益率は引き下げられるし，他よりも低い収益率の投資機会も，投資が引き上げられれば，そのうち収益率は上昇していく。いずれにせよ資本の移動はある投資機会の収益率が他の投資機会の収益率と等しくなるところに収斂していくはずである。土地への投資についても同じで，資本の収益率はどの土地に対しても均等化していくだろう。

収益率が均等化された後も第1等地と第2等地の間に生産量の差が存在するのだとすれば，それは「他の目的のため」に使用されねばならない。こうして「地代」の発生が説明される。

次に耕作地の拡大によって，地代がどのように上昇するかを確認していこう。第1，第2，第3等地が同じ量の資本と労働の投入によって，それぞれ100, 90, 80クォーターの小麦を産み出すとする。これまでの説明によると，第1等地を耕作している時には地代は発生しない。ところが第2等地を耕作するようになると，第1等地に10クォーター（100－90=10）の地代が発生する。さらに第3等地を耕作する段階になると，第2等地に対して10クォーター（90－80=10），第1等地に対して20クォーター（100－80=20）の地代が発生することになる。

この議論によれば耕作地を拡大していけばいくほど（劣等地を耕作していけばいくほど），より低い生産力で穀物を生産することになる。つまり耕作地を拡大

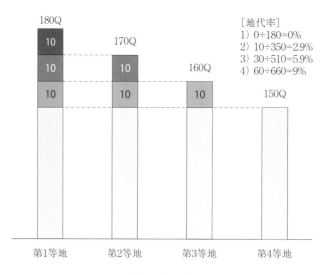

地代率の上昇

すればするほど、穀物価格が高騰することになる。この説明は穀物価格における地代についてのリカードの考えを明らかにしている。彼によると、地主が地代を奪い取ってしまうから穀物価格が高騰するのではなく、穀物価格高騰の結果として地代が増大していると説明される。地代は穀物価格の構成要素には少しも関わらない。だから「たとえ地主が自分たちの地代全部を放棄するとしても、穀物価格には何らの低下も起こらないであろう」(同、112ページ)。

(5) 資本蓄積に伴う地代率の変容と利潤・賃金の収益配分の変容

次にリカードは資本蓄積に伴って生じる地代率の拡大と、収益における利潤と賃金の配分割合の変化がどのように起こってきたかを検討する。

例えば第1等地から第4等地まで、それぞれ180、170、160、150クォーターが生産される状況を仮定すると、第1等地だけが耕作される段階では地代は発生しない。ところが第2等地、第3等地へと耕作を拡大していくと、収益率は常に限界地において規定されるから、それぞれ10クォーター(180－170=10)、30クォーター((180－160)+(170－160)=30)の地代が発生する。第4等地まで

96

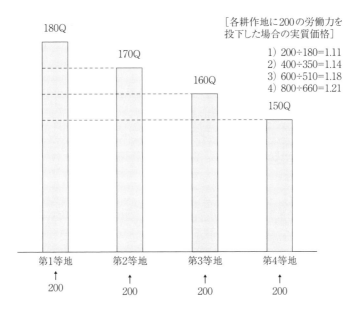

穀物価格の上昇

耕作した場合，地代は増大し，60クォーターになると考えられる（(180 − 150) + (170 − 150) + (160 − 150) =60）。

　もちろん耕作地の拡大に応じて地代率は上昇し，収益率（利潤率＋賃金率）は低下する。具体的に言うと，第1等地を耕作している時の地代率は0％であるが，第2等地まで耕作すると地代率は2.9％，第3等地まで耕作すると地代率は5.9％，第4等地まで耕作すると地代率は9％へ上昇していく。

　また耕作地の拡大につれて地代率が高まるだけでなく，収益率内での利潤と賃金の割合にも変化が生じる。利潤率と賃金率は同じ割合で低下するのではなく，利潤率の方がその割合をより低くする。耕作地の拡大はより肥沃度の低い土地の耕作を意味するが，この場合同じ労働量を投入しても得られる生産量は少しずつ減少していく。例えば各等級の土地に200の労働力をそれぞれ投入した時の「実質価格」がいくらであるかというと，第1等地では1クォーターあたりの投下労働量（実質価格）は200÷180=1.11，第2等地まで耕作した場合に

第6章　リカード　97

は $(200 \times 2) \div (180+170)=1.14$, 第3等地まで耕作した場合には $(200 \times 3) \div (180+170+160)=1.18$, 第4等地まで耕作した場合には $(200 \times 4) \div (180+170+160+150)=1.21$ になる。

つまり耕作地を拡大していくにつれて穀物の実質価格は上昇していく。穀物の価格が上がるということは労働者の賃金（＝日々自己を再生産するのに必要な費用）も上昇していく。よって収益の中での賃金率の割合は少しずつではあるが拡大していくことが理解できる。「農業利潤は製造業利潤と同様に，原生産物価格の騰貴によって——それが賃金の騰貴を伴うならば——低下させられる。……そして両者〔農業者と製造業者＝資本家〕ともに，より多くの価値を賃金に支払うことを余儀なくされるならば，利潤は賃金の上昇とともに必ず低下するという論点ほど明瞭に確証できるものが他にあるだろうか」（同，164ページ，〔 〕内引用者）。

このように社会の発展と人口増大に応じた劣等地への耕作拡大は，穀物の実質価格を高め，それに伴い労働者の生活を維持する賃金も高騰させる。結果として収益（利潤＋賃金）に占める利潤の割合は低下していかざるをえない。

もちろんリカードも必然的に発生する利潤率の低下傾向を呆然と眺めていただけではない。資本を減少させ，ひいては社会の衰退を招きかねないこの状況を回避するための方策を提案する。1つは自由貿易を進めていくことで，海外から安価な穀物を輸入させ，国内だけでは見つけることのできない肥沃地を国外に求めるというものである。リカードが「穀物法論争」において，食料輸入を制限する穀物法を批判し，貿易の自由化を主張したのは，このような経済原理から出てくるものであった。

また別の提案としては，技術革新を進めることで，農業の生産性を引き上げるという方策であり，これは『経済学および課税の原理』の第3版で追加された第31章「機械について」で検討される。ただしこの方策は資本家の利潤にとってはポジティブに働くが，労働者階級にとっては労働の機会を奪われるかもしれないという意味で，歓迎されることばかりではない。しかし他方で対外的な競争を考えた場合，機械化の流れは避けて通れないということも合わせて記されている。

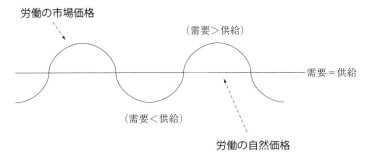

労働の「自然価格」と「市場価格」

　いずれにしてもリカードは，長期において，食料価格の高騰による賃金上昇が，利潤率を低下させるという趨勢は避けられないし，また資本家の利潤によって進められる資本蓄積も望めないという悲観的な見方を持っていた。
　なお税制についても，資本に影響を与えるということから，利潤そのものや賃金への課税に反対する。他方で地代への課税は，地主の負担となるだけで他に影響を及ぼさず，資本蓄積を阻害することもないために推奨された。

(6)　賃金論
　リカードによると商品価格には商品の本来的な価値に基づく「自然価格」と，一時的または偶発的な需要と供給のギャップによって生じる「市場価格」があるという。市場価格が自然価格から乖離している場合，不利な部門から有利な部門への資本移動が生じて，需給ギャップを埋め，市場価格は自然価格に近づくというメカニズムが働く。
　リカードは労働も他の商品と同じように自然価格と市場価格を持つと言い，その自然価格は，「労働者とその家族の扶養に要する食物，必需品および便益品の価格に依存する」(同, 135ページ)とされる。そのため耕作地が拡大されていき，食料価格が高騰すると，労働の自然価格を上昇させることになるが，こうした形での賃金上昇は，労働者の生活水準を少しも改善させない。
　他方で労働の市場価格は，労働需要に対する供給の割合に応じて実際に支払われる価格である。この価格は労働の需要量に比べて供給量が少ない時には高

第6章　リカード　　99

くなり，多い時には低くなる。ただしいくら離れていても，市場価格はいずれ自然価格に一致していく。ということは市場価格が自然価格よりも高くなる場合は，「労働者の境遇が順調で幸福」であるし，市場価格が自然価格以下になる場合には，「労働者の境遇は最も悲惨である」(同，136ページ)。

リカードは労働者の賃金が需給メカニズムによって自然率に一致する傾向があるとしながらも，進歩している社会において，労働の市場価格は自然価格を上回ることがあると指摘する。というのもそのような社会では資本の増加に応じて，新たな労働需要が刺激されるからであり，「人口の大きな増加」が生まれない限り，市場価格が自然価格を下回ることはないとされる。ただし社会の進展とともに穀物価格が高騰し，自然価格も上昇するという点を忘れてはならない。そのため農業生産力の改善と安価な外国穀物の自由輸入が求められる。

(7) 外国貿易論

海外からの安価な食料輸入を通して相対的な「低賃金・高利潤」を維持したいリカードにとって，自由貿易はどうしても必要な政策であった。そこで彼が自由貿易を推し進める上で重視した経済原理が「比較優位の原理」である。

いま毛織物 Xt とワイン Yt が交換可能な状況だとしよう。イギリスとポルトガルでこれら商品が生産されており，この2国間だけで取引が行われているとする。この時イギリスとポルトガルが毛織物とワインをそれぞれ Xt, Yt 生産するのにどれだけの労働力が必要になるかを考えてみる。

まず1つ目の例は，イギリスで毛織物を生産するのに労働力が100人，ワインを生産するのに80人必要であり，他方ポルトガルでは毛織物に90人，ワインに120人必要であるとする。この場合，それぞれが自分の国で毛織物 Xt とワイン Yt を生産しようとすれば，

［イギリス］　100+80=180人

［ポルトガル］　90+120=210人。

生産性ということを考えた場合，毛織物についてはポルトガルの方がイギリスより少ない人数で Xt を生産できるので，それだけ生産性が高いということになる。ワインについてはイギリスの方がポルトガルより少ない人数で Yt を

「絶対優位」の例

	絵織物 Xt	ワイン Yt
イギリス	100人	80人
ポルトガル	90人	120人

［イギリス］ワイン2Yt ＝160人
［ポルトガル］毛織物2Xt ＝180人

生産できるので，それだけ生産性が高いということになる。

　そうであればイギリスはワインに特化し，ポルトガルの分も合わせて2Ytの
ワインをつくる。ポルトガルは毛織物に特化し，イギリスの分も合わせて2Xt
の毛織物をつくる。そしてイギリスがつくったワインのYtとポルトガルがつ
くった毛織物のXtを交換すれば，どちらの国もより最小の労働力で毛織物Xt
とワインYtを手に入れることができる。すなわち，

　［イ ギ リ ス］　80×2=160人

　［ポルトガル］　90×2=180人。

　このようにある商品について他国よりも効率的に生産できるのであれば，そ
の商品に関して「絶対優位」にあると言えるし，絶対優位の商品に特化した形
で貿易を行う方が，両国にとってメリットがあるのは一目瞭然である。

　それではイギリスで毛織物を生産するのに労働力が100人，ワインを生産す
るのに120人必要であり，他方ポルトガルでは毛織物に90人，ワインに80人
必要であるとする。この場合，それぞれが自国で毛織物Xt，ワインYtを生産
しようとすれば，

　［イ ギ リ ス］　100+120=220人

　［ポルトガル］　90+80=170人。

　この事例では，毛織物についてもワインについてもイギリスに絶対優位が見
られない。一見すると，どちらの商品を生産するにしても，ポルトガルは自国
で賄った方が有利であるように見える。それではポルトガルにとって，イギリ
スと貿易を行う利点はないのだろうか。リカードはそう考えない。

　もしそれぞれが自分の国だけで毛織物XtとワインYtを生産した場合，イギ

第6章　リカード　　101

「比較優位」の例

	絵織物 Xt	ワイン Yt
イギリス	100人	120人
ポルトガル	90人	80人

［イギリス］毛織物 $2Xt$ ＝200人
［ポルトガル］ワイン $2Yt$ ＝160人

リスでは労働力が220人，ポルトガルでは170人必要となる。ところが両国が，それぞれの自国内での得意分野に特化した場合どうなるだろう。イギリスはポルトガルと比べた時，どちらの商品を製造するにしても生産性において劣るが，それでも毛織物とワインを比べると，まだ毛織物についての方が生産性は高いと言える。ポルトガルはイギリスと比べた時，どちらの商品を製造するにしても生産性において優れているが，それでも毛織物とワインを比べると，ワインの方がより生産性は高いと言える。

　このように他国との比較ではなく，国内での生産性比較を行い，より生産性の高い商品に特化することで，すべてを自国で賄うよりも効率的に生産することができるという考え方を「比較優位の原理」と呼ぶ。例えばイギリスはワインの生産よりも毛織物の生産に比較優位があるので，毛織物に特化する。他方でポルトガルは毛織物の生産よりもワインの生産に比較優位があるので，ワインに特化する。そうすると，

［イギリス］　100×2=200人

［ポルトガル］　80×2=160人。

　それぞれが得意な分野で生産した後，毛織物 Xt とワイン Yt を等価交換したとすると，イギリスは毛織物 Xt とワイン Yt を手に入れるのに，自国だけで生産するよりも20人少なく済ませられるし，ポルトガルも自国だけで生産するよりも10人少なく済ませられ，どちらにとっても有利な取引が実現する。

　要するに比較優位の原理が教えてくれるのは，貿易において重要なことは，他国と比べて絶対優位な生産物を持っているかどうかではなく，国内の相対的に得意な生産物に特化して交換し合えば，誰にとってもメリットのある交換が

実現するということである。またこうして営まれている貿易活動を中断することはどちらの国にとっても不利益をもたらすことになるだろう。

3 穀物法をめぐる見解

　フランスでは革命後の混乱に乗じて，1804年にナポレオン・ボナパルトが軍事独裁政権を樹立する。1806年にはイギリスへの対抗から「大陸封鎖令」が発せられロシア，プロイセンを含むヨーロッパ諸国がイギリスへの穀物輸出を禁止した。

　もともとイギリスは穀物輸出国であったが，18世紀後半から進行してきた産業革命によって経済の主軸を工業へと移行し，もっぱら食料供給は海外からの輸入に頼っていた。そのため18世紀末からの対フランス戦争によって，穀物輸入は難しくなっていたが，とりわけ「大陸封鎖令」以降，穀物価格の高騰はひときわ激しくなり，穀物供給を国内で賄うように方針を転換させていく。ところが1813年の大豊作とナポレオンの敗退は，穀物輸入の再開とそれに伴う穀物価格の暴落を引き起こし，農業不況を進行させることになった。

　こうした状況に至って，農業関係者を中心に穀物価格を維持するために，穀物の輸入制限強化を求める声が高まっていく。穀物輸入制限の是非をめぐって，輸入制限のために関税引き上げを主張する陣営と，関税を引き下げて貿易の自由化を主張する陣営に分かれて「穀物法論争」が闘わされた。前者の輸入制限を強く求める側を象徴するのがマルサスであり，後者の輸入自由化を求める側を象徴するのがリカードである。しかし地主層の影響力の強い議会によって，結局1815年3月に1クォーターあたり80シリングに達しない場合には，穀物の輸入を禁止するという法案が成立することになった。

　リカードは穀物法という穀物の高価格維持政策が，一見すると地主などの農業関係者に有利に働くように見えるが，実際は有害であることを指摘する。というのも自由貿易の制限によって穀物の高価格を維持できていたとしても，豊作によって穀物価格が下落した場合，規制された交易状況では海外への販路がすぐに見つかるわけではなく，結局穀物の高価格を維持できなくなるからだ。

第6章　リカード　　103

それならば自由貿易体制を確立すべきであるというのがリカードの主張である。なぜなら国ごとに豊作のばらつきが生じた場合，余分に生産された穀物の売り先を確保しておくことができるし，各国が融通し合えるような体制と整えることで，穀物価格を安定させ，無理やり国内の劣等地を耕作して，利潤率の低下を招くようなことせずに済むからである。こうしたリカードの自由貿易論は，後に『経済学および課税の原理』で描かれる「外国貿易論」でも補完されることになるだろう。

参考文献

リカード『経済学および課税の原理（上）（下）』羽鳥卓也・吉澤芳樹訳，岩波文庫，1987年。

羽鳥卓也『リカードウの理論圏』世界書院，1995年。

中村廣治『リカードウ評伝──生涯・学説・活動』昭和堂，2009年。

千賀重義「デイビッド・リカードウ──普遍的富裕への選択」鈴木信雄編『経済思想4 経済学の古典的世界1』日本経済評論社，2005年。

［章末問題］

(1) リカードの「差額地代論」について，「収穫逓減」という語を用いて説明しなさい。

(2) リカードが論じた「比較優位の原理」を「絶対優位」と対比しながらで簡単に説明しなさい。

(3) 「穀物法論争」におけるマルサスとリカードの主張の違いを説明しなさい。

第7章　J. S. ミル

1　J. S. ミルの生涯

　J. S. ミルは，歴史家で経済学者であったジェイムズ・ミル（James Mill, 1773-1836）と，ハリエットの長男として，1806年5月20日にロンドンで生まれる。ミルが父親から3歳でギリシャ語，8歳でラテン語の早期の英才教育が施されたことは有名である。ジェイムズが功利主義思想家のジェレミー・ベンサム（Jeremy Bentham, 1748-1832）やリカードと友人であったことから，当然のようにミルは功利主義思想から影響を受け，また10代になる頃には，ジェイムズの友人であるリカードの『経済学および課税の原理』（1817年）の出版に合わせるかのように，経済学を学んでいく。

　ミルが父親のもとから初めて離れたのは，14歳の時のフランス旅行であった。ミルはまずパリのジャン＝バティスト・セー（Jean-Baptiste Say, 1767-1832）のもとに滞在し，そこからジェレミー・ベンサムの弟のサムエル・ベンサム一家のもとに身を寄せる。ベンサム家の人々とともにピレネー山脈に登り様々な風景に触れたり，植物を採取したりしたこと，また冬にはモンペリエ大学の冬季講座に参加したことは，彼にとってかけがえのない体験になった。

　フランスから帰国したミルは，1822年，デュモンによるベンサム哲学の翻案である『立法論』を読み，ベンサム主義者になろうと決意する。ベンサムの功利主義哲学によると，人間は快楽と苦痛という功利原則に従いながら，快楽を求めて行動する存在だと位置づけられる。また社会がそうした等質な個人の集合によって成り立っているとするなら，普通選挙や私的所有を通して民主主義を成立させることは大いに意味があるとされる。こうしてミルは功利主義思

105

過渡期の思想家

　フランスの哲学者オーギュスト・コントが「3段階発展論」によって19世紀前半の時代を神学的時代から形而上学的時代を経て科学と産業の時代に移り変わる時代だと考えたように，J. S. ミルもまさに「過渡期の思想家」として新たな科学と産業の時代を実証すべく古典派経済学を再編することになる。しかし他方でミルは，コントのようなエリート主義的な考えを避け，常に社会の周縁に目を配ろうとも努力する。今日から見てもこうしたミルの振る舞いは，知識人として1つの倫理的なあり方を示すものであった。

想に触れることで「世界の改革者になるという大志を抱く」（ミル『ミル自伝』112ページ）ようになった。1823年の5月には父ジェイムズの口添えで東インド会社の通信部に入社。仕事をする中で着実に出世を重ねていったが，後に語ったところによると，この仕事を通じて一番役に立ったのは，「ただの歯車として働く経験をしたこと」（同，73ページ）だと皮肉まじりに振り返っている。働きながらの研究活動は大変であったが，1824年以降ミルは，ベンサムら哲学的急進派によって創刊された『ウェストミンスター・レビュー』に次々と論考を発表していった。

　ところが20歳の時，彼は突如「精神的危機」に陥る。ベンサムの哲学が実現した社会がどのようなものかをイメージすると，その思想が彼にとって色あせたものに感じられ始めたのだ。またこの憂鬱は幼い頃から父によって施されてきた英才教育によるところもあったのかもしれない。いずれにせよこの時からミルは父親への違和感を禁じえなくなる。

　この精神的危機を彼は，コールリッジ（S. T. Coleridge, 1772-1834）やサン・シモン主義者ら哲学的急進派とは異なる人たちへと人間関係を広げることで乗り切った。とりわけロマン主義文学の作家トマス・カーライル（Thomas Carlyle, 1795-1881）との出会いや，オーギュスト・コント（Isidore Auguste Marie François Xavier Comte, 1798-1857）からの思想的影響は重要である。

　そして1830年，ミルはハリエット・テイラー（Harriet Taylor, 1807-58）と交際を始める。ハリエットは実業家ジョン・テイラーの妻であり，すでに夫との間に2人の子供がいた。周囲からの反対されることもあったが2人は交際を続

年　譜

1806年	父ジェイムズ・ミルと母ハリエット（1782-1854）の長男として，5月20日にロンドンで誕生。 ＊父ジェイムズ・ミルによって3歳からギリシャ語，8歳からラテン語の教育を授けられる（少年時代にベンサム功利主義とリカード経済学を叩き込まれる）。
1820年	フランス旅行に出かける（5月）。→1821年7月帰国。
1822年	デュモンの翻案したベンサムの『立法論』を読み，ベンサム主義者になろうと決意する（「世界の改革者になるという大志を抱く」（『ミル自伝』112ページ））。
1823年	東インド会社に入社，書記の職につく。
1824年	哲学的急進派の機関誌『ウェストミンスター・レビュー』に投稿。
1826年	「精神的危機」に陥る。
1830年	ハリエット・テイラー夫人と交際開始。
1836年	父ジェイムズ・ミル死去。
1843年	『論理学体系』出版。
1848年	『経済学原理』出版。
1851年	ハリエット・テイラーと結婚。
1857年	セポイの乱により，「東インド会社」の存廃問題が発生（翌年「東インド会社」廃止，ミル退職）。
1858年	フランス旅行中，ハリエット急死。
1859年	『自由論』出版。
1861年	『代議制統治論』出版。
1863年	『功利主義論』出版。
1865年	ウェストミンスター選挙区から立候補して，下院議員に当選（1868年の選挙で落選）。
1869年	『女性の隷従』出版。
1873年	アヴィニヨンで丹毒のために死去。『自伝』出版。
1879年	『社会主義論』出版。

け，ジョンががんで死去した2年後の1851年に結婚することになる。ハリエットとの交際は，ミルの精神的な安定だけでなく，彼の研究活動にも大きな恩恵を与えた。

1843年には論理学および科学哲学に関する論文を『論理学体系』として，さらに1848年には『経済学原理』を出版する。『経済学原理』はミルの生前，

父ジェイムズ・ミル

7回改訂されることになる。

　1857年のセポイの乱を機に，東インド会社の存廃問題が発生する。結局翌年には東インド会社は廃止されることになり，この時ミルも会社を退職することになった。ようやくできたハリエットとの時間を過ごすためにフランス旅行に出かけるが，旅の途中アヴィニヨンでハリエットが急死する。

　ハリエットを失った後もミルは精力的に著述活動を続け，1859年には『自由論』を発表する。『自由論』では「多数派の専制」の危機から「個人の自由」を守るために，「他の人間の行動の自由に干渉することが正当化されるのは，自衛のためである場合に限られる」（ミル『自由論』29ページ）という原理を提案した。また言論の自由な表明こそ，人々に判別を促し，真理の探求を活発化させ，民主主義をうまく機能させるという「思想と言論の自由」も主張される。その後1861年に『代議制統治論』，1863年に『功利主義論』を刊行する。また1865年にはウェストミンスター選挙区から下院議員選挙に出馬し，3期にわたって政治活動を続けることになる。主に議会では女性の参政権の要請活動を熱心に行っていたが，1869年の選挙で落選。同じ年に人権思想の系譜から「女性問題」を論じる『女性の解放』を出版した。

　1873年，滞在中のフランスのアヴィニヨンで，丹毒のため死去する。彼の死後ハリエットの娘ヘレン・テイラーの手により『ミル自伝』が刊行され，1879年には『社会主義論』が死後出版された。

2　ミル経済学の基本思想

(1)　『原理』の構想と『国富論』の継承宣言

　J. S. ミルが『経済学原理』を書き上げたのは，リカードによって確立した経済理論に，新たに生じた様々な論争（通貨・外国貿易・植民関係の問題をめぐる論

争）の成果を結びつける必要を感じたからであった。ミルの思惑としてこの構想は，かつてアダム・スミスが『国富論』の中で行った「原理とその応用の組み合わせ」であり，経済学と社会哲学の密接な結合を意識したものであった。そして今度は自分が，スミスがやってきたように，現代の拡大した知識や発展した社会哲学に対応する経済学を書き上げ，その現実的な有効性を再び取り戻すことを宣言する。

(2) 『経済学原理』の構成

　『経済学原理』の編別構成は，第1編が「生産論」，第2編が「分配論」，第3編が「交換論」，第4編が「生産および分配に対する社会の進歩の影響について」，そして第5編が「政府の影響について」である。

　第1編から第4編は理論的側面，第5編は財政論や政府の役割といった政策的側面についての分析である。また経済のある一定の時点における仕組みや機能を明らかにする「静態論」については，第1編から第3編までで検討され，ある経済状態が時間的推移や他の条件が加えられた場合にどのように変化するかを明らかにする「動態論」については第4編および第5編で検討される。

3　『経済学原理』の概要

(1) 「生産論」

　ミルの経済学の特色は，何よりも「生産論」と「分配論」を分けて考察したことである。ミルによると富の生産は，人間が恣意的にどうこうできることではなく，何がしかの物理的条件と，それについての知識によって決定される。それに対して分配の法則は，当該社会で行われている「法規」あるいは「慣習」に依存しているので，その一部は「人的制度」に属している。

　　富の生産に関する法則や条件は，物理的真理の性格を持ち，そこには人間の意のままに動かしうるものは何もないものである。……ところが富の分配の場合はそうではない。それはもっぱら人為的制度の上の問題である。……

第7章　J. S. ミル　　109

富の分配は社会の法律と慣習とによって定まるわけである。……それは時代を異にし，国を異にするに従って大いに異なり，また人間が欲するならば，なおこれ以上に異なったものとなりうるものである。（ミル『経済学原理(2)』13-15ページ）

　いずれにせよミルは生産の法則を物理的真理の性格を持つと考え，議論を進めていく。彼にとって生産増加の法則と条件を突き止めることは最も重要なことであった。ミルは労働・資本・自然的諸要因（主に土地）を主要な生産要件と考える。そのため生産が増加するか否かは生産要素そのものが増加するか，生産要素の生産性が増加するかによって左右される。

　ミルは3つの生産要件を1つずつ検討していく。まず労働人口について，ミルはマルサスに従いながら，人間の増加力の無限性を前提とする。もちろんマルサスが言うところの「道徳的抑制」が働くため，出生段階で人口増加はある程度抑制されるが，それでも労働力人口が少なすぎて生産力が不足することはない。次に資本について言うと，国民の貯蓄の結果が資本になるので，貯蓄が増大していく以上，資本の増大も制限されることはない。また増加の速度は国民の貯蓄への意欲に比例するため，イギリスのような貯蓄意識の高い国では資本蓄積は特に速くなる。ところが土地は労働や資本と異なり無限に存在するわけではない。また生産性の高い土地について言えばなおさら限定されるし，生産地を拡大していけば収穫逓減法則が働く。つまり生産増加を制限し，資本蓄積を邪魔するとすれば，それは土地（生産要件の自然的要因）ということになる。

　もちろん収穫逓減法則による資本不足から生じる生産力の行き詰まりを，生産性の改善（勤勉や節約を促す政策・国民の知識向上・外国技術の輸入）によって回避する努力は続けられるべきである。しかしこうした回避策は将来的な行き詰まりを多少緩和できたとしても限界がある。特にイギリスのような先進国においてこの問題は差し迫ったものとなっていた。

(2)　分配論

　ミルは分配論を生産論と違って「人為的制度」であると考える。しかしそれ

は任意に変更可能なものではない。ある社会において歴史的・環境的に何がしかの「分配制度」が整えられれば、それは「恣意によって左右されることがなく、物理的法則の性格が濃いもの」(同, 15ページ)となる。

また分配を考える上で、ミルは経済が依拠する基本的制度としての私的所有制の検討を行う。彼の整理によると、私的所有制とそれに基づく分配のあり方は、目下実際に行われている制度である。それに対して私的所有制に反対する立場には、「生存および享楽の物的手段」を絶対的に平等に分配しようというオーウェン (Robert Owen, 1771-1858) のような立場と、私有財産の全廃ではなく、土地と生産手段を個人の所有とは認めないだけのフーリエ (François Marie Charles Fourier, 1772-1837) やサン・シモン (Claude Henri de Rouvroy, Comte de Saint-Simon, 1760-1825) のような立場がある。

ミルとヘレン・テイラー 妻ハリエット亡き後、ミルにとって精神的支えとなったのがハリエットの三女ヘレン・テイラーであった。ヘレンはミルの生前だけでなく、死後も彼の著作の刊行に尽力することになる。

経済制度を整理しつつ、理想的な共産主義と現行の私的所有制を比較すると、当然後者の欠点の方が際立つ。しかし共産主義制度が理想的な完成形で語られる以上、私的所有制度を比較する場合には、その理想的な形態を取り上げるべきである。すなわち現行の私有制は、まだ分配上の正義が成し遂げられておらず、様々な困難が取り除かれるように、教育の充実と人口過剰の問題の解決が成し遂げられてから判断されるべきだろうという。少なくとも現時点でのミルは私的所有制の改善に向けて努力するという穏健的な立場であった。

＊

ミルの分配論は、リカードが基本に据えた自由競争の体制と3階級(労働者・資本家・地主)からなる社会を前提にしながら、賃金・利潤・地代が決定されるやり方を分析する。

第7章　J. S. ミル

ミルによると賃金は主に「労働の需要供給」によって，言い換えれば「人口と資本の割合」によって決まる。つまり雇われる人の人数と「労働の購買に支出される部分」の関係で決定される。そのため賃金は，「労働者を雇うために使用される資金の総額が増加するか，あるいは勤め口を得るために競争している人の数が減少するのでなければ騰貴すること」はないし，「資金が減少するか，あるいは……労働者の数が増加するのでなければ下落すること」（同，276-267ページ）はないとされた。

　賃金への支払いに充てられる資本の総額によって，賃金が決定されると考えるミルの「賃金基金説」は，賃金が食料価格に依存するというリカードの見解を「部分的に正しい意見にすぎ」ないとし，食料価格を基準にして賃金が決定されるやり方を退ける。いわば労働者人口が賃金によって一義的に決定されると考えるのでなく，労働者の出生についての習慣によって労働力量が能動的に調整されると考えるからであった。

　次にミルは利潤をその目的に応じて3つに分類する。第1に節欲に対する報酬としての「利子」，第2に資本を危険にさらす賠償としての「保険料」，そして第3に管理のために必要な労働とスキルに対する報酬としての「監督賃金」である。

　彼の利潤論の特徴は，利潤の発生を交換の場においてではなく，生産の場において捉えようとしたことにある。また生産過程で利潤は，「食料，衣料，材料，道具が，それらのものを生産するのに必要とされる時間よりも長く保つ」ことで発生する。すなわち利潤を発生させるためには「一団の労働者は，彼ら自身の生活必需品や道具を再生産した上に，なおその時間の一部が残って，資本家のために働きうることとなる」（同，410ページ）。要するに労働者が自分の取り分を生産するのにかける「必要労働時間」を超えた「剰余労働時間」の部分が，資本の利潤になる。例えば労働者が何かを生産する場合，彼らの賃金分（必要労働時間分）よりも20％多く生産すれば，その分（剰余労働時間分）が利潤になる。

　とはいえミルはマルクスのように「剰余労働時間」によって生じる利潤を労働者の不払い分として理解したわけではない。ミルはリカードと同じく利潤率

は賃金率と相反的な関係にあるとしながらも，資本の側から見た場合の賃金を
「労働コスト」と言い換えることで，資本と労働の調和的関係を強調する。ミ
ルの言う労働コストとは，労働効率と労働の実質的報酬，そしてその実質的報
酬に必要な道具の生産費それぞれの関数によって決定される。つまり労働コス
トの要素である労働報酬が高まることで利潤率は相反的に低下する可能性もあ
るが，労働効率が高まるが労働報酬は高くならない場合や，労働効率が下がら
ずに労働報酬が下落したり，道具の費用が増加しなかったりする場合も利潤率
は上昇することがある。このようにミルは，少々複雑に資本と賃金の関係を理
解することで，利潤率と賃金率を直接的な相反関係だけで考えようとはせず，
むしろ両者の調和的な関わりに目を向けようとした。

　最後に地代へのミルの見解は，リカードの「差額地代論」に従い，ある土地
の地代はその土地の収穫が限界地の収穫を超える部分からなると考える地代発
生論を唱える。

(3) 交換論

　ミルにとって交換論としての「価値論」は，それまでの古典派経済学が考え
てきたように，経済学そのものを象徴するほどの位置づけを持っていなかった。
というのも彼によると価値論は社会的生産の原理ではなく，あくまでも競争の
原理，つまり生産された商品の量的な交換比率を表すものでしかないからであ
る。しかしこうしたこれまでの議論との距離の取り方こそ，ミルの価値論を特
異なものとし，ミルを「過渡期の思想家」と位置づけていく。

　まずミルはスミスが整理したように価値を「使用価値」と「交換価値」に区
別する。ある物の使用価値とは「その物がある欲望を満たし，あるいはある目
的に役立つ，その能力のこと」（『経済学原理(3)』20ページ）であり，「目的論的価
値」とも呼ばれる。他方ある物の交換価値とは，その所有によって他の物を購
買できる支配力（「一般的購買力」）のことであり，経済学の文脈では「価値」と
は交換価値を指すという。また交換価値は使用価値（目的論的価値）を極限とし，
使用価値を超えることはないと規定した上で，「獲得の困難」の程度によって
価値が決定される。

ミルは「獲得の困難」に応じた価値の決定要因を3つに分類する。第1は骨董品や特定品質のワインのように供給量に絶対的制限があるもの，第2は綿織物や毛織物といった工業製品のように労働力と費用がかけられればいくらでも増産できるもの，そして第3は農作物のように労働力を増やしていけば増産可能だが，その度により多くの労働力を支払わねばならないものである。

　彼によると商品の価値は，第1の供給量に絶対的に制限があるものについては需給関係によって，第2のものについては生産費によって，第3のものについては最大生産費（限界地での費用）によって決定される。

　第2，第3のものについて言うと，その生産に費やされた生産費（投入された労働量）によってその価値が決定されるとしながらも，他方で「ある1つの品物の価値というものは，いつの場合も，他のある品物，あるいは品物一般に対する相対的関係においてこれを理解しなければならぬ」（同，60ページ）とし，交換比率という価値の表象へのこだわりを見せており，リカードが労働に担わせたような「絶対的価値尺度」の存在は放棄されている。結局ミルの価値論において，需給法則は「すべての商品に妥当する」ものであり，生産費に先行するものと考えられた。

　そしてこのような「価値論」におけるスミス－リカード的な「生産費説」から「需給均衡説」への転換は，後にマーシャル（Alfred Marshall, 1842-1924）によって自身の「部分均衡論」への先駆けと位置づけられる。

⑷　利潤率低下論

　ミルは第1編から第3編までを「同時的に存在するものと考えた社会の経済的諸現象……の相互依存的関係に関する諸原理」（『経済学原理⑷』9ページ）の分析とし，それらを「静態論」と考えてきた。それに対し第4編以降の「富の増大」という前進的な動きの分析を「動態論」として位置づけ，検討を始める。

　すでに述べたようにミルの場合，生産論と分配論を分けて議論してきたため，資本蓄積の進展から生産力の発展や分配構造の変化がもたらされるという構成は取られない。彼の動態論では「産業の進歩」によって分配関係の変化がもたらされる。その上でまず資本蓄積に伴って利潤率がどのように変化するのかが

検討される。

　ミルはリカードと同様に，人口増加を伴った資本蓄積の進行が，収穫逓減法則によって，利潤率の低下へ帰結すると考えた。ただしリカードと違うのは，彼には当時のヨーロッパの大国において，資本の「定常状態」がすでに目の前に迫っており，「間もなくその最後の限界に到達する」(同，74ページ) という認識があったことだ。

　とはいえミルもこのままとめどなく利潤率が低下していくとは考えない。何がしかの利潤率低下を阻止する要因があることにも言及する。第1にそれは周期的に起こる「商業的反動における資本の浪費」である。例えば市場の規模を超えて工場が建てられ，機械が設置されることで，過剰生産に陥り，周期的な恐慌が発生する。こうなると工場は閉鎖され，労働者は解雇されるので，各人は貯蓄を切り崩して生活せざるをえなくなる。こうして蓄積されすぎた資本は減少することになる。また安全な利潤獲得の機会が見込めないと人々はリスクを冒してでも投機に向かおうとする。当然，投機目的の投資は膨大な資本を喪失させることになり，これによって「新しい蓄積の余地をつくり，……今一度同じ巡行が開始される」(同，81ページ) だろう。

　第2の利潤率低下を阻止する要因は，労働者の生活必需品の生産性向上である。生産性が上昇することで，消費財を安価に生産できるようになる。消費財が低廉化すれば，労働者の賃金も低下する。こうして「すべて停止状態に到達する前に通過すべき空き地をある程度まで広くする」(同，83-84ページ) ことによって，利潤率低下を多少押しとどめることができる。

　第3の要因は，安価な必需品の輸入である。もちろん労働者にとって必要な食料を安価に提供することができれば，労働コストは引き下げられ，利潤率は高くなる。ここからミルは「穀物法」の廃止によって，安価な食料が輸入され

『経済学原理』タイトルページ

J. S. ミル

ることで，イギリスにおける資本が利潤率の低下を引き起こすことなしに急速に増加していくことを可能にしたと評価している。

最後の要因は資本の輸出による利潤率低下の阻止である。これは国内よりも高い利潤を国外で手に入れるために，資本を植民地や外国へ送り出すという方法である。ミルによると国外への資本移動は2重の効果がある。まず資本の一部を送り出すことで，国内における利潤の低下を阻止できる。次に国外で投資された資本は「低廉な農業生産物の大量的輸出業者になるところの植民地の建設」に使用されるか，すでに社会が成立しているところではその地域における農業の拡張や改良のために使用されることになり，「わが国の人口の増加に比例した低廉な食料および低廉な衣服材料の供給を確保」（同，89ページ）してくれる。実際ミルが確信するところでは，このやり方こそ「イギリスにおいて利潤の低下を制止してきた主要な原因の1つ」（同，88ページ）であった。

(5) 定常状態論

ミルは利潤率の低下を回避する様々な要因を紹介する一方で，いずれの場合も最終的に経済の進歩に応じて到来する「定常状態」(stationary state) を避けることはできないという。しかも最も富裕な国々おいて，今後生産技術における改良がなされず，国外への資本流出が停止してしまったなら，「たちまちのうちにこの定常状態に達する」（同，102ページ）という切迫感がある。

他方でミルはこれまでの経済学者たちのように，この定常状態に決して「嫌悪の情」を持つことはない。反対に彼は生産を増大させることで，必要以上に富裕になった人々が購買力を倍加することや，働く富裕層が働かなくてもよい富裕層に成り上がることが，なぜ喜ばしいことなのかまったく理解できないと成長至上主義への疑問を投げかける。むしろイギリスのように資本の蓄積が相

当に進んだ社会では，生産を増大させるよりも分配を改善し，人口を抑制することの方がこれからは重要になるし，またそのためには「定常状態」の方がむしろその目的を達成しやすいと考えた。

ミルは個々人の思慮深い人口抑制と勤労，そして財産の平等を促進する法体系によって到来する社会状態を，労働者に十分な給与が与えられ，様々な労苦を免れさせ，「人生の美点美質を自由に探求できる」理想的な状態と描くが，まさにこの状態と両立できる唯一の経済環境こそ定常状態であるという。

4　過渡期の思想家ミル

ミルが経済理論においてリカードの理論を継承するとしながらも，結果的にその流れを大きく変更させたことは，その後の新たな経済思想へと受け継がれる様々な分析道具を彼自身が持っていたことからくる帰結なのかもしれない。価値論について言えば，生産費説に基づいた理論に代え需給法則に基づく理論を重視したことで，その後の新古典派経済学への道筋をつけた。その意味でミルは，スミス以来の古典的な経済学体系から近代経済学への橋渡しを行う役割を担ったと言える。

しかし同時に忘れてはならないのは，ミルがイギリスにおける利潤率低下を阻止する目的で国外（植民地）への資本輸出という議論を展開し，リカード以来の自由貿易論による植民地否定論から大きく政策を転換させたことだ。さらにミルは，資本だけでなく労働者の国外への移動（移民政策）も考慮に入れることで，イギリス一国だけではなく，「人類全体の経済的利益」のためにこのやり方を提案しようという。すなわち宗主国から植民地へ資本と労働力を輸出することは，「世界の生産的諸資源の最も有効な使用の問題」（『経済学原理(5)』339ページ）だと正当化された。

また政治的な文脈からもイギリスの植民地支配は肯定される。1861年の『代議制統治論』において，ミルは家父長的干渉主義的な態度からインドのような「進歩した状態にまだ到達していない従属国」を代議制に適応できるように促す統治を行うことは，「他のいかなる統治にも劣らず正当である」（ミル

『代議制統治論』419ページ）と主張した。

　ミルの植民地政策への積極的提案は，植民地領有が労働者階級の生活改善に結びつけられることで，イギリス帝国主義の展開に労働者を組み込んでいくことを表している。またこのような植民地政策が躊躇なく提案されたり，それが労働者と資本の新しい関係の持ち方としての「アソシエーション」というヴィジョンや女性参政権実現のための政治運動というドメステックな自由主義の立場と矛盾することなく共存したりする点に，ミル思想の時代的な限界が現れていると言えよう。

参考文献

ミル『経済学原理(1)～(5)』末永茂喜訳，岩波文庫，1959～63年。

――『自由論』斎藤悦則訳，光文社古典新訳文庫，2012年。

――『代議制統治論』水田洋訳，岩波文庫，1997年。

――『女性の解放』大内兵衛・大内節子訳，岩波文庫，1957年。

――『ミル自伝』村井章子訳，みすず書房，2008年。

小泉仰『J. S. ミル』研究社出版，1997年。

馬渡尚憲『J. S. ミルの経済学』御茶の水書房，1997年。

杉原四郎『J. S. ミルと現代』岩波新書，1980年。

――『ミル・マルクス・エンゲルス』世界書院，1999年。

［章末問題］

(1)　J. S. ミルが生産論と分配論を区別して議論した理由を説明しなさい。

(2)　J. S. ミルの価値論の特徴を，リカードの価値論との比較から明らかにしなさい。

(3)　J. S. ミルの植民地政策肯定論が，イギリスの帝国主義政策を支えた思想的な役割はどのようなものか。

第8章　マルクス

1　マルクスの生涯

　カール・マルクス（Karl Heinrich Marx, 1818-83）はユダヤ教教会の教区書記で，弁護士であるハインリヒ・マルクスの第三子として，1818年プロイセン王国のライン地方トリーアに生まれる。当時ライン地方はウィーン会議の決議に基づきプロイセン王国に編入されるが，プロイセンの統治が根づくまで「ナポレオン法典」が残されるなど慎重に対処されており，自由主義的な気風が残される地域であった。

　マルクス家は代々ユダヤ教のラビの家系であったが，マルクスの父ハインリヒはヴォルテール（Voltaire, 1694-1778）やディドロ（Denis Diderot, 1713-84）の影響を受けた自由主義者であり，それほど宗教へのこだわりを持たなかったためトリーアがプロイセンに編入された際，信仰よりも法曹界の仕事から排除されることを懸念し，プロイセンの国教であるプロテスタントへ改宗した。

　青年になったマルクスはハインリヒから法律家になるように求められ，1835年ボン大学に入学する。ところが詩作以外ろくに勉強せず，居酒屋で酩酊しては対立するグループの学生たちとケンカばかりしていたことを父に見咎められ，1年でベルリン大学に移籍することになった。

　ベルリンにやってきた当初，相変わらずの生活を送っていたマルクスであるが，1837年の冬，病気療養のため滞在したシュトラローで青年ヘーゲル派の若者たちと親交を結び，ヘーゲル（Georg Wilhelm Friedrich Hegel, 1770-1831）の哲学を急速に吸収し始める。また1838年，父ハインリヒの病死によって法学を勉強し続ける必要がなくなり，一層哲学の研究に打ち込みだす。そしてその

119

年　　譜

1818年	ユダヤ教徒の弁護士ハインリヒ・マルクスの第三子として，プロイセン王国のライン地方トリーアで生まれる。
1830年	フランスのアルジェリア征服戦争。「7月革命」によりルイ・フィリップが即位。
1835年	ボン大学に入学，法律家になることを目指す。
1836年	姉の友人で4歳年上のイェニー・フォン・ヴェストファーレンと婚約。ベルリン大学へ編入学（10月）。
1841年	「デモクリトスとエピクロスの自然哲学の差異」で哲学博士号（4月）。
1842年	『ライン新聞』に参加（5月）。10月に新編集長になるが，翌年3月プロイセン政府により廃刊させられる。
1843年	イェニーと結婚（6月）。パリへ移住（10月）。
1844年	2月に『独仏年誌』が創刊されるが，資金難から創刊号だけで廃刊する。エンゲルスとの出会い（8月）。この時期の研究ノートが，後に『経済学・哲学草稿』として出版される。
1848年	フランス「2月革命」の勃発。2月『共産党宣言』発表（1872年の再版で『共産主義宣言』に改題）。6月『新ライン新聞』創刊（翌年5月まで）。ルイ・ナポレオンの大統領就任（12月）。
1849年	イギリス・ロンドンへ移住（8月）。
1851年	ルイ・ナポレオンによるクーデタ勃発，独裁体制樹立。
1859年	『経済学批判』出版。
1864年	第1インターナショナル（国際労働者協会）発足，マルクスはドイツ労働者代表として参加し，執行部および規約制定委員に選出される。
1867年	『資本論』第1巻刊行（エンゲルスの編集により1885年第2巻，1894年第3巻刊行）。
1870年	普仏戦争の敗北により第3共和制へ移行。
1871年	3月国民衛兵中央委員会のもと「パリ・コミューン」が宣言されるが，ティエール臨時政府により鎮圧（5月）。
1881年	妻イェニー死去（12月）。
1883年	結核に起因する慢性的な体調不良の悪化によりロンドンで死去（3月）。

　成果が1841年にイェーナ大学に提出された論文「デモクリトスとエピクロスの自然哲学の差異」として形になり，博士号を授与された。

　その後，身の回りや社会情勢の変化から大学教授の道を断たれたマルクスは，1842年5月『ライン新聞』に参加し，ジャーナリストとして歩み始める。とこ

ろが新たにプロイセン国王に即位したフリードリヒ・ヴィルヘルム4世の反動的な政策を痛烈に批判したことで当局から目をつけられ，翌年3月『ライン新聞』は廃刊させられることになった。

1943年，マルクスはプロイセンの貴族であり高級官僚であったヨハン・ルートヴィヒ・フォン・ヴェストファーレンの娘イェニーと結婚し，拠点をパリに移す。パリでは『独仏年誌』の創刊（1844年2月）に関わり，「ユダヤ人問題によせて」，「ヘーゲル法哲学批判序説」などを掲載するが，資金難から第2号を発行することはできなかった。

『新ライン新聞』の最終号

同年8月，度々マルクスの雑誌に投稿してきたフリードリヒ・エンゲルス（Friedrich Engels, 1820-95）がパリのアパートを訪れ，交流が始まる。エンゲルスとの出会いが貧困問題や社会問題に目を向けるきっかけとなり，以後マルクスは集中的に経済問題やフランス革命について研究を開始する。この時期のノートや草稿の一部，いわゆる「パリ草稿」が，後に『経済学・哲学草稿』（1932年）として残されることになった。

関心の方向を社会科学へと着実に広げていったパリ時代のマルクスであるが，プロイセン政府の圧力によってパリでの生活が難しくなる。その後移り住んだブリュッセルで，ロンドンで結成される「共産主義同盟」（旧「義人同盟」）のための政策綱領として，『共産党宣言』（1848年）を実質1人で執筆した。

この年，フランスの「2月革命」を皮切りに，ヨーロッパ各地に革命の火の手が上がる。その余波で，またもやマルクスはブリュッセルを追われ，パリを経て，比較的支援者の多いプロイセン領のケルンに戻ることになった。ケルンでは『新ライン新聞』を発行するが，ほどなくここも追放され，1849年8月ロンドンに辿り着くことになる。

第8章　マルクス　　121

ロンドンに到着してからしばらくの間，マルクスの生活はかなり厳しいものだった。劣悪な生活環境が災いしたのかもしれないが，ロンドンで生まれた3人の子供のうちの2人は生後間もなく亡くなり，さらに1855年一人息子のエトガルも失うことにる。

　こうした困窮状態から脱することができたのは，『ニューヨーク・デイリー・トリビューン』の特派員の仕事を受けるようになってからであった。マルクスはこの雑誌でジャーナリスティックな寄稿を続けるかたわら，1859年に『経済学批判』を発表。1867年に，当初『経済学批判』の続編として構想された『資本論』第1巻が長い準備期間を経て刊行される。その後，『資本論』第1巻の改訂作業に着手し，1872年にドイツ語版の第2版とフランス語版を出版するが，第2巻と第3巻は，自ら完成させることがかなわず，エンゲルスの編集によって，それぞれ1885年と1894年に刊行された。

　1881年にはがんのために妻イェニーが死去する。この時にはマルクス自身も慢性的な結核に伴う症状によって苦しめられていた。マルクスの最期の1年間は乾燥した空気と温暖な気候を求める旅であった。主な目的はチュニジアでの療養であったが，同時に彼が初めてヨーロッパの外へ向かう旅であった。ところが旅の後半に長女のイェニーが膀胱がんのため死去したという知らせを受ける。マルクスは激しい動揺を抱えながらロンドンに戻るが，彼もその2カ月後の1883年3月14日，昼食後，書斎で座ったまま死んでいるのがエンゲルスによって発見された。

2　「初期マルクス」(1)──ヘーゲル批判

　ヘーゲルは社会全体のあり方を理解するために，歴史を通じてその様子を描き出し，近代に至る歴史の流れを肯定的に評価した。彼によると歴史には集約点 (到達点) があり，その集約点こそ近代である。いわば人類の歴史はその集約点に向かっていくプロセスであり，歴史の流れは最終的に近代国家という形で結実する。そのためヘーゲルによると，人間が欲望のままに動く「市民社会」という領域は，矛盾に満ちた世界であるが，最終的に国家が登場することです

カール・マルクス　　　　　　　　エンゲルス

べての矛盾が解決されるという。

　マルクスは，ヘーゲルによって欲求の体系として描かれた市民社会の矛盾を「歴史の到達点」としての近代国家が解決するとは考えない。というのもヘーゲルが市民社会と国家を連続したものと理解するのと異なり，マルクスは市民社会と政治的国家は二重になって存在していると考えたからだ。

　マルクスは完成された政治国家を「人間の類としての共同生活」(Gattungsleben) だと捉える。これは人間の物質的側面を強調する生活，すなわち市民社会とは対立する。仮に成熟した政治国家が成立したとしても，人は現実の日常の中で「天上の生活」と「地上の生活」という二重の生活を送らねばならない。「天上の生活とは，すなわち政治的共同存在における生活であり，そこでは人間は自らも共同存在として通用している。それに対して地上の生活とは，市民社会における生活であり，そこでは人間は私人として行動しており，他の人間を手段と見なし，自分自身をも手段に引き下げ，様々な異質な力に翻弄されている」（マルクス「ユダヤ人問題によせて」196-197ページ）。

　つまりマルクスが問題にする「類的生活」と「利己的生活」の対立とは，たとえ制度として平等な政治への参加権限が与えられたとしても，それが市民社会（経済社会）における物質的な平等の実現にならないことを示している。その

第8章　マルクス　　123

ため市民社会の問題を解決しようとすれば，別の手立てが必要になる。そこでマルクスは人が利己的な人間ではなく，「抽象的公民」として「解放」されるために，市民社会のあり方を検討し，また解体し，さらにそれをもとに政治的国家をつくり上げることが必要だと考えた。

3 「初期マルクス」(2)——『経済学・哲学草稿』

(1) 疎外 (Entfremdung) について

『経済学・哲学草稿』は1844年頃書かれ，マルクスが生きている間に発表されることのなかった経済学や哲学に関する草稿類で，マルクスの死後49年経った1932年にようやく1冊の本としてまとめられたものである。

『経済学・哲学草稿』の第1草稿の4「疎外された労働」の中で，マルクスは経済学がこれまで歴史上の事実だと考えてきた「前提」を当たり前だとせず，現状の問題と照らし合わせ，もう一度経済学の「前提」について考えてみようという。そこでマルクスは現状の問題を次のように整理する。

> 労働者は，自分の生産する富が大きくなればなるほど，自分の生産活動の力と規模が大きくなればなるほど，自らは貧しくなる。商品をたくさん作れば作るほど，かれ自身は安価な商品になる。物の世界の価値が高まるのに比例して，人間の世界の価値が低下していく……。(マルクス『経済学・哲学草稿』91-92ページ)

マルクスによると労働者は生産活動を通じて自分の向こう側の世界を強化していくが，それに反比例するように労働者自身の内面はますます貧しくなり，その持ち物もどんどん減っていく。つまり労働を通してつくり出された生産物は，その外側の世界を強化することで，「労働にとって疎遠な存在」となる。また労働者は働けば働くほど，本来自分のものである労働という活動がますます自分にとって縁遠いものになっていく。こうした現代の経済社会に特徴的な現象をマルクスは「労働の疎外」と言った。

ただし「疎外」という言葉には，本来二重の意味がある。もちろん今述べたように，資本主義の世界では労働者が生産物をつくることによって，労働そのものが彼にとって疎遠なものになるという意味もある。他方で疎外という言葉には，何かしらの生産物を自分の外の世界につくり出すという意味もある。自分が考えたものを外の世界で現実化するのだから，疎外は「外化」や「対象化」と言われる。

　労働者が「イメージ」を持って，自分の外の世界に何かを現実化（対象化）することは，疎外という概念のポジティブな側面である。しかし資本主義社会の中で何かをつくり出すということは，労働者の思いを現実化するだけでは済まない。資本主義社会で何かを生産することは，労働者が生産物から疎遠になるという事態も同時に発生させる。

　そのため労働者ががんばってたくさんの生産物をつくり出したとしても，「労働者の活動が大きくなればなるほど，……生産物が大きくなればなるほど，彼自身は小さくなる」（同，93ページ）。技術が進歩し生産力が高まった社会で，一生懸命生産活動を行ったとしても，労働者自身は本来やるべきことがますます分からなくなってしまう。

　何よりも問題なのは，疎外された労働によって人間が類的な存在でなくなることだ。人間は動物と同じように自然に依存して生きている。その一方動物が存在と生命活動を一致させているのに対し，人間は意識的に生命活動を営むことで，必ずしも自らの存在と生命活動を一致させるわけではない。ここに動物と人間を分ける分岐点がある。つまり人間は生命活動を動物のように直接的な欲求に合わせて行うのではなく，「肉体的欲求を離れて自由に生産」し，その生産物と自由に向き合うことができる。いわば状況に応じたふさわしい形で対象をつくり出すことができる存在である。

　類的存在のあり方に合わせて，自由に対象を加工するという営みにおいて，「人間は初めて，現実に自分が類的存在であることを示す」（同，103ページ）。人間の生産活動には人間の類的生活を現実化するという作用がある。

　ところが「疎外された労働」を行わざるをえなくなると，生産活動は類的な関わりの中で自由に行われるのではなく，単に生きるためのモノづくりという

手段に貶められる。こうして人間は自分がつくり出したものを自分のものにできないという意味においても，生産物との関係が疎遠になる。生産物だけではなくその営み自体とも，人間は疎遠にならざるをえない。

　さらに人間が自分の営みと疎遠になり，切り離されれば，他の人間との関係も切り離されるし，他の人間の生産活動とも切り離される。「大づかみに言うと，類的存在が人間から疎外されているということは，人間が他の人間から疎外され，人間の1人ひとりが人間の本質から疎外されているということだ」（同，104-105ページ）。

　ではどのようにすれば人と人が関わり合いを持つという人間の本質を取り戻すことができるのか。そこでマルクスが向かったのが，資本主義社会の分析であり，働き方を変革させるための「社会主義革命」への構想であった。

(2)　疎外の止揚（廃棄）

　人間が「類的生活」を取り戻すために，マルクスは疎外の廃棄（止揚）の必要性を訴えるが，彼が考える「疎外の廃棄」とは「私有財産の廃棄」につながる。なぜなら人類の歴史を振り返ると，私有財産の成立こそ近年の産業資本の根源であり，「人間への支配を完成」（同，139ページ）させたからである。

　マルクスは私有財産を廃棄し「共産主義」を構想するが，彼によると共産主義には3つの形態がある。第1の共産主義は私有財産に対して共同体所有の財産を対置する運動である。ただしこの共産主義は女性を共同体の共有財産と見なすような運動であり，その意味で人間の人格を否定し，人間同士の類的な関係を否定するような「粗野な共産主義」であった。第2の共産主義は国家の廃棄を主張するが，不完全な部分を残し，私有財産に常に侵害される共産主義である。そしてマルクスが構想する第3の共産主義は，その社会に住む者同士が互いに結びつきながら，支え合っていこうというものであり，物質的な平等を追求するだけでなく，みんなが力を合わせて共に活動する類的生活を求める社会である。

　マルクスによると，類的生活が人間にとって重要なのは，人間は常に「社会的」であらざるをえないからである。例えば日常的に行われる会話という素朴

126

> ### ピケティと19世紀の課題
>
> 　トマ・ピケティ (Thomas Piketty, 1971-) は『21世紀の資本』(2013年) の中で，資本主義経済の特徴は効率的な分配であり，公平な分配ではないと唱える。とりわけ資本収益率 (r) が経済の成長率 (g) を大きく上回る (r>g) と，相続財産や資本の収益を手にする者の方が，労働によって富を得る者よりもはるかに大きな富を獲得し，格差が一層拡大すると指摘する。彼によるとこの傾向は，19世紀までのほとんどの時期がそうであったし，おそらく大きな経済成長が見込めない21世紀においても継続するという。
>
> 　一般的な理解とは逆に，市場メカニズムが完全に機能すればするほど，格差はますます拡大するというピケティの指摘は，20世紀に発見された所得格差の縮小論によって，一旦は置き去りにされた19世紀の課題を再び浮かび上がらせる。J. S. ミルであれ，マルクスであれ，19世紀の経済学者たちは「経済分析の核心に分配の問題」を据えたし，少なくとも彼らは経済成長が自動的にバランスの取れた結果を万人にもたらすとは考えていなかった。その意味において，民主主義社会そのものを脅かしかねない格差の問題を理解するためにも，今日彼らの提起した課題に立ち戻ることが求められているのかもしれない。

な言葉のやり取りでさえ，人は社会がつくり上げてきた言語構造に規定されるし，反対に言葉を使うことによって，言語構造の編成に何がしかの影響を与えている。またマルクス自身が日々行っている学問研究もきわめて個人的な活動でしかないが，新たな言葉を生み出し，言葉の配置を変え，言語構造の編成に影響を与えるという意味で，社会的活動（類的活動）である。

　要するにマルクスは理念として人類は類的存在であるべきだと考えているのではなく，人間の本来的なあり方が社会的であり，協働的であるがゆえに類的存在だという。ところが現状の資本主義社会では，人々はその利己的な生活様式になじんでしまっているがゆえに，本来持つべき類的生活を手放してしまっている。そしてそれを取り戻すために必要なのが私有財産の廃棄を経た協働的な社会の実現であった。

(3) 哲学的思索から経済学研究へ

　初期に語られたマルクスの学問的営み（『経済学・哲学草稿』，『ドイツ・イデオロギー』）は，その重心を哲学的思索から徐々に経済学研究へと移行していく。

例えば「観念論」的なフォイエルバッハ哲学を批判するために書かれた「フォイエルバッハに関するテーゼ」の中で，マルクスは人間の本質を問いながらも，その現実的なあり方としては「社会的な総体」（マルクス「フォイエルバッハに関するテーゼ」237ページ）であると述べている。また『ドイツ・イデオロギー』ではより明確に，個人の存在がその生産活動の「物質的条件」によって結びつけられることが語られている。

　「社会的総体」や「物質的条件」への言及は，人々の経済的なあり方を検討し分析しなければ，人々の内面は理解できないということを表している。より認知された言い方をすれば，上部構造は土台（いわゆる下部構造）によってそのあり方を規定されるという言い方になるし，「経済学批判・序言」では，「人間の意識が人間の存在を規定するのではない。逆に人間の社会的存在が人間の意識を規定する」（マルクス「経済学批判・序言」258ページ）というテーゼとして掲げられることになる。

＊

　人間の理性を拠り所に，世界を把握しようという従来の「理性主義」的態度を批判しながら展開されたマルクスの作法は，その後様々な学問分野の分析方法として取り入れられていく。例えば1950年代や60年代に入ると，フランスの思想界を中心に「構造主義」と呼ばれる分析方法が大いに流行する。構造主義とは表面的な現象の背後に，それと自覚されていない構造が機能しており，その構造に分け入ることで初めて説明のつく事態が存在するという考え方である。文化人類学者のレヴィ＝ストロースは，「未開社会」の調査を行ううちに，その社会には「西洋文明」が理性によって理解してきたものとは違うものがあるのではないかと考えた。例えば彼は，当時のアメリカの言語学の成果も踏まえながら，「未開社会」の婚姻・贈答・習俗がその社会の背後に存在する構造によって規定されていることを突き止める。構造によって現象を理解するというやり方は，主体による「理性の働き」に重きを置くよりも，その背後の主体を規定する諸関係に注目しようという考え方である。その学問対象が異なるとはいえ，レヴィ＝ストロースのやり方はマルクスの社会分析の影響と類似性が

明確にうかがえる。

4 『資本論』

(1) 「商品論」(1)──労働価値説

　マルクスは『資本論』を書くにあたって，理解するのに「一番骨が折れる」
と彼自身考えた「商品」の分析から着手する。彼によると「資本制生産様式が
君臨する社会では，社会の富は「巨大な商品の集合体」の姿を取って現れ，1
つひとつの商品はその富の要素形態として現れる」(マルクス『資本論 (上)』55
ページ)。社会の基本的な形は，人々が商品を購入するという単純な事実によ
って構成されるのだから，商品とは何かを考えることが，彼にとって何よりも
重要であった。

　まずマルクスは商品に「使用価値」と「交換価値」という2つの側面がある
ことを古典派経済学から継承する。彼によると「使用価値」は，ひとに使われ
て初めて出てくるものであり「富の素材的内容」をなしている。それに対して
「交換価値」は財や生産物が交換を通じて「商品」となっていく時の特別な性
質を表している。

　それぞれの商品は，その使用価値に応じた「具体的な人間労働」によってつ
くられる。ところが商品は使用価値を与えられるだけでは商品とはなりえない。
それは別の商品と交換されることで初めて商品として姿を現すことができる。
とはいえ商品はそれぞれ使用価値が異なるし，それをつくり出す具体的労働も
異なっており，交換するためには何がしかの共通の基準が必要である。この共
通の基準こそ「人間の労働」であった。しかしここで語られる労働はある使用
価値を目指して発動される具体的労働ではない。マルクスによると交換の基準
になる労働とは，個別の商品の使用価値をそぎ落とし，それらを成り立たせる
物質的な成分をそぎ落とし，感覚によって具体的に知覚できる性質をそぎ落と
して残った抽象的な (純粋な) 人間労働だという。またこの純粋な労働を通して
測られる価値の大きさは，生産に費やされた抽象的労働の時間の長短によって
決定されると考えた。

第8章　マルクス　　129

(2)　商品論(2)──価値形態の発展過程

　商品同士の交換の仕組みが明らかになったことで，マルクスはある商品と別の商品の個別の交換関係の説明から，ある商品と複数の商品の交換関係を説明し，その中から任意の商品が無数の商品の結節点（一般的等価物）として現れることを順番に説明する。また一般的等価物という特別な役割の担い手として「貨幣」が選ばれるようになる過程（貨幣形態）も明らかにされる。

　マルクスが解説する最初の価値形態（第Ⅰ形態）は，ある商品のX量と別の商品のY量が同じ価値を持つということを表す単純な価値形態である。とはいえ彼によると最も根源的な価値形態であるがゆえに丁寧に確認する必要がある。そもそもある商品の交換価値はどのように測られるのだろうか。もちろんこれまでの議論に従えば，別の商品との比較によって測ることができる。例えばリネンと上着という2つの商品で考えると，リネンは自分の価値を表すのに上着との比較によって表すしかない。つまりリネンの価値は他の商品の「相対的価値」として表現されるものであり，ここではあくまでも上着という「等価物」と比較されることでしかその価値を獲得できないということが示されている。反対に上着の価値を求める場合には，今度はリネンを「等価物」として上着の「相対的価値」を導き出すことができる。こうして初めて20エレのリネンは1着の上着（1着の上着は20エレのリネン）に値するという「等価形態」が可能になる。

　第Ⅱの形態は，第Ⅰ形態で述べられた他の商品との価値形態を，その商品以外のすべての種類の商品へと拡大した状態が説明される。すなわち商品Aが他のすべての商品との間で相対的価値を獲得すると同時に，他のすべての商品は商品Aに対する「価値の鏡」として現れる形態である。例えば20エレのリネンは1着の上着，10ポンドのお茶，40ポンドのコーヒー，1クォーターの小麦，2オンスの金にそれぞれ等しい，というように表される。いわばリネンは，個別の商品と価値形態を結ぶだけでなく，「商品世界との社会的関係」（同，97ページ）に入っていく。

　第Ⅲ形態は，第Ⅱ形態の等式を引っくり返すことで，20エレのリネンという「一般的等価物」が現れることに気づく段階である。すなわち1着の上着，

10ポンドのお茶、40ポンドのコーヒー、1クォーターの小麦、2オンスの金などは、それぞれが「一般的等価物」たる20エレのリネンに等しいと表される。ただしこの等式が表されるためには、すべての商品の価値がリネンと同じでなければならない。つまりそれぞれが使用価値から切り離されて、共通する抽象的な価値で表現されることによって、初めてこの等式が成り立つ。こうして商品の個別的関係を通して見るのではない、「一般的価値形態」が登場する。「全商品はそれぞれの価値の大きさを、ただ1つの同じ材料に、つまりリネンに映し出すのだから、これらすべての価値の大きさは〔リネンを介して〕互いに自己を映し合う」(同,103ページ,〔 〕内引用者)。この時リネンは特別であるがゆえに商品世界から「排除」されると同時に、商品世界で通じる価値を映し出す「等価物商品」になる。またリネンを生産する労働(織布労働)は、すべての価値生産に通底する抽象的な人間労働という側面を浮かび上がらせる。

『資本論』タイトルページ

　マルクスは第Ⅳ形態を、すべての商品の一般的等価物として、金が社会的な慣習によって採用され、定着し「貨幣商品」になる過程であるという。先ほどリネンが占めていた地位に金が置き換わるという点では第Ⅲ形態と何も変わらないが、マルクスによると金が貨幣商品になった瞬間から、第Ⅳ形態は第Ⅲ形態から区別され、一般的価値形態から「貨幣形態」へ変容したと理解される。また貨幣商品によって、一個の商品の相対的な価値が表されると、それが「価格」になる。例えば2オンスの金の鋳貨での表現が2ポンドなら、20エレのリネン＝2ポンドと表現される。

　マルクスによって示された価値形態の展開過程とは、貨幣が実体として先に存在し、そこに各商品が結びつくことでそれぞれの価値が明らかにされたと考えるのではなく、相対的な価値の獲得が積み重ねられていくことで、自律的に

第8章　マルクス

体系化された商品群の中から貨幣形態が結晶化される過程であった。つまりマルクスが冒頭で描いた「巨大な商品の集合体」とは貨幣から切り離され、貨幣に向き合って陳列された商品群ではなく、貨幣そのものを生み出すために常にうごめいている巨大な商品の連なりであった。

⑶　労働力の商品化

　商品を生み出す過程の中で、「労働」に大きな役割が与えられている。貨幣を基に商品を生産し、販売する過程（資本制生産様式）において、人間が能動的に用いる「労働力」は生産過程において必要不可欠なものである。マルクスはこれを労働力が価値を引き出すものとして利用される（商品化される）と表現する。とはいえマルクスが検討対象にする近代社会は強制的に労働力が奪われる社会ではないので、労働力が商品化されるといってもいくつかの条件がある。

　まず労働力は持ち主（労働者）自身によって、自由に提供したり、売ったりされねばならない。また労働力の持ち主は資本家と（少なくとも法的に）対等な関係でなければならない。最後に労働力の持ち主が労働力を売るのは、1日の一定時間だけであるということ。というのも労働力を丸ごと売ってしまうと、それは「奴隷」になってしまうからである。しかし逆に言うと、労働力の持ち主は労働力しか売るものを持っていないということも同時に表している。

⑷　剰余価値の形成過程

　労働力が商品であることによって、「剰余価値」（利潤）の形成過程が説明できるようになるが、その過程は次のようなものだ。

　まず資本家は貨幣資本（G）を使って、生産手段（Pm）と労働力（A）（まとめてW）を購入する。この時貨幣資本を生産手段および労働力に変換する過程をG—Wで表すが、この関係を流通過程という。

　次に資本家は購入した生産手段と労働力を使って、商品の生産を行う。この過程はW…P…W′と表され、生産過程と言われる（Pが実際の生産工程を表し、W′が生産された商品を意味する）。

　そして生産された商品W′は再び流通過程に戻され、商品として販売される。

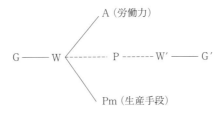

G（貨幣手段），W（生産要素としての商品），
W′（生産された商品），G′（貨幣）

資本の循環－流通過程と生産過程

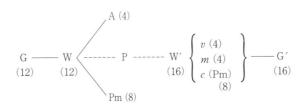

v（可変資本），m（剰余価値），c（不変資本）

剰余価値の生産

うまくいけばW′は貨幣G′で購入される。この流通過程はW′―G′と表されるが，この時G′が最初のGよりも大きな値になっていれば，その差額（G′―G）は「剰余価値」になる。また流通過程はあくまでも同じ価値のものを交換する場なので，剰余価値が生まれるとすれば，生産過程（W…P…W′）においてである。

(5) 労働過程と価値増殖過程

　剰余価値が生み出される生産過程とはどのような現場であるのか，もう少し詳しく見ていこう。マルクスによると生産過程には，「労働過程」と「価値増殖過程」の2つの側面がある。労働過程は生産手段を使って自然の素材に働きかけ，実際に品物がつくり出される側面を示している。そのため労働過程は商

第8章　マルクス　133

品の使用価値を目的に行われていると言えるだろう。他方で価値増殖過程は生産活動が行われるうちに，当初の素材の価値に労働力が付加されることで，出来上がった商品の価値が当初の価値より増大していることを示す側面である。

またこの労働力の価値は「その労働力の所持者を維持するために必要な生活手段の価値」であり，具体的には食料・衣服・暖房・住居などに必要な費用によって表される。要するにマルクスの言い方をすれば，「この独特の商品所持者の種族〔労働者〕」（同，254ページ，〔 〕内引用者）を市場に供給する上で必要な費用であり，「賃金」として支払われる。

仮に1日の労働時間が8時間だとしても，そのすべての時間が生活必需品の生産に必要とは限らない。例えば4時間で必需品分の生産が実現できるなら，「必要労働時間」は4時間になる。ところが実際，労働者は8時間の労働を行うので，残りの4時間の生産物が「剰余価値」として発生する。

では剰余価値がどのように決まるのか見ていこう。生産過程において投入される資本をその性質から「不変資本」と「可変資本」に分類する。不変資本とは資本のうちで生産手段として扱われる部分であるが，生産過程において価値量が変化しない。可変資本は資本のうちで労働力として扱われる部分であるが，生産過程においてその価値量が変化する。つまり剰余価値が生まれるのは，可変資本（労働力）のおかげであることが示される。

ここで12の価値の貨幣資本を使って，4の価値の可変資本（労働力）と8の価値の不変資本（生産手段）を購入し，16の価値の商品をつくる生産過程を考える。その時新たに生み出された商品の価値の内訳を可変資本（4），剰余価値（4），不変資本（8）と仮定すると，可変資本に対する剰余価値の比率（$\frac{m}{v}$ の値）は，$\frac{4}{4}$ =1……(1)。この時「剰余価値率」（搾取率）は1である。

また投入された資本全体に占める剰余価値の割合（$\frac{m}{c+v}$ の値）は，$\frac{4}{(8+4)}$ =0.33……(2)。つまり「利潤率」は0.33である。

(6)　剰余価値の拡大

資本家にとって「剰余価値」をどれくらい高められるかということは重要な課題になる。剰余価値を高めるための方法には「絶対的剰余価値の拡大」と

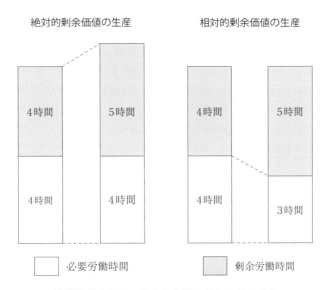

絶対的剰余価値の生産と相対的剰余価値の生産

「相対的剰余価値の拡大」という2つのやり方がある。

絶対的剰余価値の拡大とは、1日の労働時間そのものを長くして、剰余労働を増やそうという方法である。例えば1日の労働時間を8時間から9時間へ増やすとする。労働者にとって生活必需品を生産する時間がこれまでと変わらないとすれば、延長された1時間はそのまま剰余労働分となる。つまり剰余価値率 ($\frac{m}{v}$) は、$\frac{5}{4}$ =1.25……(3)。(1)式と比べると(3)式の値は1から1.25に上昇している。また利潤率も $\frac{5}{12}$ =0.42に上昇している。

他方で相対的剰余価値の拡大という方法もある。労働時間を絶対的に拡大していくと、剰余価値率は上昇するが、過度の長時間労働は労働者の身体と心をボロボロにしかねず、自ずと限界が生じる。そこで「1日の労働時間ではなく、それを必要な労働と剰余労働に分ける比率」(同、460ページ)を変更し、剰余価値率を高めようというやり方が考えられた。つまり労働生産力の上昇によって、必需品生産の必要労働時間を減らすことで、相対的に剰余労働時間を増やそうという方法である。

第8章　マルクス　135

例えば1日の労働時間は8時間のままで，生産力の上昇によって必要労働時間だけを4時間から3時間に減らすことで，労働者に知られないうちに剰余労働時間が5時間に増えているというやり方である。この場合剰余価値率 ($\frac{m}{v}$) は $\frac{5}{3}$ =1.67……(4)になる。すなわち(1)式の剰余価値率と比べると大きく上昇しているし，労働時間そのものを延長した(3)式に比べても上昇しているのが分かる。

本来であれば，生産力の拡大によって必要労働時間が短縮できるようになれば，それに応じて労働者の就業時間が減らされるべきであろう。ところが大概の場合，生産力の拡大は語られず，「労働の節約は，労働日の短縮を目指すことにはならない」。たとえ労働者が10倍の生産力を身につけたとしても労働時間が10分の1に縮小されるわけではない。「資本家のためにただで働くことになる部分を大きくすることになる」(同，471-472ページ) だけである。

(7) 特別な剰余価値の獲得

特別な剰余価値の拡大とは，ある企業 (個別資本) がより優れた機械設備などを導入することで獲得できる剰余価値のことである。ただしこうした特別な剰余価値は，他の企業の追い上げによってすぐに消えてしまう。とはいえ特別な剰余価値を手にしようとする各企業の営みが積み重ねられていくことで，社会全体の技術革新が推し進められ，必要労働時間の短縮につながっていく。

(8) 資本の蓄積過程

どのような社会であれ，一旦生産過程が始まると，やめることなどありえない。資本家は貨幣資本を元に製品をつくり，販売する。そしてそこで得た貨幣の大部分を再び資本へと変容させる。「あらゆる社会的生産過程は同時に再生産過程でもある」(マルクス『資本論 (下)』285ページ)。そしてこの再生産過程には「単純再生産」と「拡大再生産」(そして「縮小再生産」) がある。

「単純再生産」は毎年同じ規模で再生産が繰り返される再生産過程である。例えば12の価値の貨幣資本で4の労働力と8の生産手段を購入し，16の商品 (W´) を生産してから，販売し，16の貨幣を再び手に入れるとする。この時4

$$G \underset{(16)}{\quad} \overline{\quad\quad} \underset{(16)}{W} \underset{Pm\,(10.7)}{\overset{A\,(5.3)}{\diagdown}} \cdots\cdots P \cdots\cdots \underset{(21.3)}{W'} \left\{ \begin{array}{l} v\ (4) \\ m\ (4) \\ c\ (Pm) \\ \quad (10.7) \end{array} \right\} \overline{\quad\quad} \underset{(21.3)}{G'}$$

v（可変資本），m（剰余価値），c（不変資本）

剰余価値の生産（第2期）

の剰余価値を使い切り，残りの12を来期の生産に充てた場合，当期と同じ規模の生産過程が行われる。

「拡大再生産」は毎年獲得された剰余価値を次期に繰り延べながら，再生産が繰り返される再生産過程である。例えば上記の例に従って剰余価値4が生み出され，それをすべて次期の資本に加えた場合，増額された資本の割合に応じて労働力が購入され，またそれと同じ割合の剰余価値が発生したとする。つまり第1期の最終的なG′が16の価値なので，それをすべて次期に繰り延べ，第2期はG（16）— W（16）の流通過程で，それぞれ10.7の生産手段と，5.3の労働力を購入し，生産活動を行うと21.3の生産物が生み出され，5.3の剰余価値が発生する。さらにこの21.3の価値物が次期には21.3の貨幣資本として生産活動に投じられることになる。

(9) 拡大再生産における不変資本の拡大

一般的に資本家は生産活動を重ねていくうちに生産性を高めようと，より大規模で新しい機械設備を導入する。「価格を構成する要素のうち，消費された生産手段の価値，すなわち不変資本部分だけを代表する部分の相対的な大きさは，一般に蓄積の進歩に正比例して増えていくだろう」（同，369ページ）。つまり労働生産性を高めるためには，労働力よりも生産手段（可変資本よりも不変資本）に資本をより多く配分していく。この経緯をマルクスは「資本の有機的組成」が高められていくと表現した。

第8章　マルクス　137

マルクスの墓所 マルクスは死後，ハイゲイト墓地の無宗教墓区域にある妻イェニーが眠る質素な墓に埋葬された。1956年イギリス共産党によって，墓地内のより目立つ場所に巨大な頭部像を備えた墓が新たに設置されたが，これはマルクスの偶像化を象徴すると考えられる。

　ここで言われる「資本の有機的組成の高度化」とは，いわば可変資本と不変資本の割合の値（$\frac{c}{v}$ の値）が大きくなっていくことを示している。つまり利潤率の式 $\frac{m}{(c+v)}$ の分子と分母両方を v で割ると，$\frac{\frac{m}{v}}{\frac{c}{v}+1}$ になる。つまり「資本の有機的組成の高度化」は，利潤率の分母の値が大きくなっていくことを意味している。

　分子の $\frac{m}{v}$ は剰余価値率（搾取率）で，機械設備の導入などによって，ある程度までは大きくなることは予想されるが，必要労働時間の短縮がどこまでも下がり続けるとは考えにくい。他方で $\frac{c}{v}$，すなわち機械設備の拡大は無限に続けることが可能である。つまり「資本の有機的組成の高度化」を伴う拡大再生産が続くと，利潤率は低下し続けることになる。マルクスが懸念を示すのもこの点であった。剰余価値率を高めていこうとする資本家の振る舞いそのものが，結果的に彼ら自身の利潤率の低下を招き寄せることになる。

　また「資本の有機的組成の高度化」は過剰な労働力人口，すなわち失業者を生み出す。しかしこの大量の失業者の存在さえも，資本主義にとっては「資本制生産様式の存立条件の1つ」（同，381ページ）である。マルクスによると近代

産業の通時的な流れは，好況・恐慌・停滞という動きを繰り返していく。この時景気循環（産業循環）は，あたかも天体の運動軌道と同じように，膨張と縮小の交替運動を繰り返す。そしてこの周期的な運動を継続させるためには，大量にプールされた労働人口，すなわち「産業予備軍」が必要になる。

⑽　資本蓄積の歴史的傾向

　資本主義的蓄積過程は資本の集中を伴いながら，他方で利潤率の低下傾向や労働者の生活状況の悪化を生み出していった。しかしマルクスは，この生産様式がいずれ停止せざるをえないと考えた。資本主義以前からの資本の蓄積過程を辿りながら，彼は最終的に資本の独占そのものが，資本主義的生産様式自体を束縛し始めるという。さらにここで浮き彫りになった様々な不具合は「資本制的な被膜と合わなくなるところまでくる。そしてこの被膜は吹き飛ばされる。資本制的私的所有の終わりを告げる鐘が鳴る。収奪者たちの私有財産が剥奪される」（同，574ページ）。

　こうして資本制的生産様式ではなく，「共同作業と土地の共同所有，また労働を通じて生み出された生産手段の共同所有によって，個人所有を生み出す」（同，575ページ）新たな生産様式の可能性が構想されることになる。

参考文献

マルクス「ユダヤ人問題によせて」『マルクス・コレクションⅠ』中山・三島・徳永・村岡訳，筑摩書房，2005年。

――『経済学・哲学草稿』長谷川宏訳，光文社古典新訳文庫，2010年。

――『ドイツ・イデオロギー 新編輯版』小林昌人訳，岩波文庫，2002年。

――「経済学批判 序言」『マルクス・コレクションⅢ』木前利秋訳，筑摩書房，2005年。

――「資本論第一巻（上）」『マルクス・コレクションⅣ』今村・三島・鈴木訳，筑摩書房，2005年。

――「資本論第一巻（下）」『マルクス・コレクションⅤ』今村・三島・鈴木訳，筑摩書房，2005年。

レヴィ＝ストロース『構造人類学』荒川・生松・川田・佐々木・田島訳，みすず

書房，1972年。

長谷川宏『初期マルクスを読む』岩波書店，2011年。

佐々木隆治『カール・マルクス──「資本主義」と闘った社会思想家』ちくま新書，2016年。

スパーバー『マルクス　ある十九世人の生涯（上）（下）』小原淳訳，白水社，2015年。

内田義彦『資本論の世界』岩波新書，1966年。

［章末問題］

⑴　マルクスによって「経済学批判」で示された「人間の社会的存在が人間の意識を規定する」というテーゼの意味について解説しなさい。

⑵　マルクスが『資本論』で言及した，資本家による「剰余価値」を高めるための2つの方法（絶対的剰余価値の拡大・相対的剰余価値の拡大）についてそれぞれ説明しなさい。

⑶　「資本の有機的組成の高度化」の意味と，それがどのような帰結をもたらすかについて解説しなさい。

⑷　マルクスの社会分析の方法と20世紀フランスの「構造主義」との方法上の共通点について説明しなさい。

おわりに

　本書は2年前に萌書房より出された『経済思想史講義ノート』（渡辺邦博・北田了介著）を発展させたものとしてつくられた。前著は経済学史の学習ポイントを項目ごとに書きつらねるという構成を取っていたが，文章化された形の方がより理解しやすいという判断のもと編み直された。

　本書では北田のみが編著者を務めているが，前著および本書の共著者である渡辺邦博先生の協力のもと完成することができた。

　前著以来，私たちにとって共通の認識は，経済学史・経済思想史を含む人文社会科学全般が置かれている現状への危機感である。大学という空間が様々な力学により国家・企業・個人にとって「役立つ技法」を教える「人的資本」形成の場へと変貌させられていく中で，私たちの世界の成り立ちを理解し，さらに心地よく生きられる場をつくるのに必要な「自由であるための技法」（リベラルアーツ）の意味が今ほど問われている時代はないかもしれない。本書および本書を用いた教育がどれだけその思いに貢献できるかは心もとないが，経済学史・経済思想史に期待される役割に少しでも携わることができれば幸いである。

　また本書刊行にあたって，萌書房の白石徳浩さんには大変なご理解とご尽力をいただいた。経済学史のテキストを作成したいという私たちの「無謀な」提案を真摯に聞き入れ，協力していただいたことにあらためて謝意を表したい。

　2018年2月

編　著　者

■編著者略歴

北田了介（きただ りょうすけ）

1973年生まれ。関西学院大学経済学研究科博士後期課程修了。博士（経済学）。
現在，桃山学院大学・大阪経済大学・関西大学他非常勤講師。

主要業績

『経済思想史講義ノート』（共著：萌書房，2016年）

フリードリヒ2世『反マキアヴェッリ論』（共訳：京都大学学術出版会，2016年）

「フーコー統治性の生成と方法をめぐって──戦争－人種の言説分析から行為
　　の「導き／反導き」へ」関西学院大学『経済学論究』（第61巻第3号，2007年）

「フーコーにおける権力論の転換──1976年講義の位置づけ──」『関西学院経
　　済学研究』（第44号，2013年）　ほか

■執筆者略歴（第3章担当）

渡辺邦博（わたなべ くにひろ）

1949年生まれ。大阪市立大学大学院経済学研究科博士課程修了。博士（経済学）。
現在，奈良学園大学客員教授。

主要業績

『経済思想史講義ノート』（共著：萌書房，2016年）

『ジェイムズ・ステュアートとスコットランド』（ミネルヴァ書房，2007年）

ステュアート／小林昇監訳『経済の原理』（翻訳：名古屋大学出版会，1993-98
　　年）

「台北高等商業学校の商業教育について」関西学院大学『経済学論究』（第67巻
　　第1号，2013年）

「クレスピ・ダッダ」『奈良学園大学紀要』（第4号，2016年3月）　ほか。

教養としての経済思想

2018年4月20日　初版第1刷発行

編著者　北 田 了 介

発行者　白 石 徳 浩

発行所　有限会社 萌 書 房
　　　　〒630-1242　奈良市大柳生町3619-1
　　　　TEL（0742）93-2234 ／ FAX 93-2235
　　　　［URL］http://www3.kcn.ne.jp/~kizasu-s
　　　　振替　00940-7-53629

印刷・製本　モリモト印刷株式会社

© Ryousuke KITADA, 2018（代表）　　　　　Printed in Japan

ISBN978-4-86065-119-0